FENICS

Fieldworker's Experimental Network for Interdisciplinary CommunicationS

100万人のフィールドワーカーシリーズ

フィールドに入る

椎野若菜・白石壮一郎 編

古今書院

1巻のフィールドワーカーの調査地

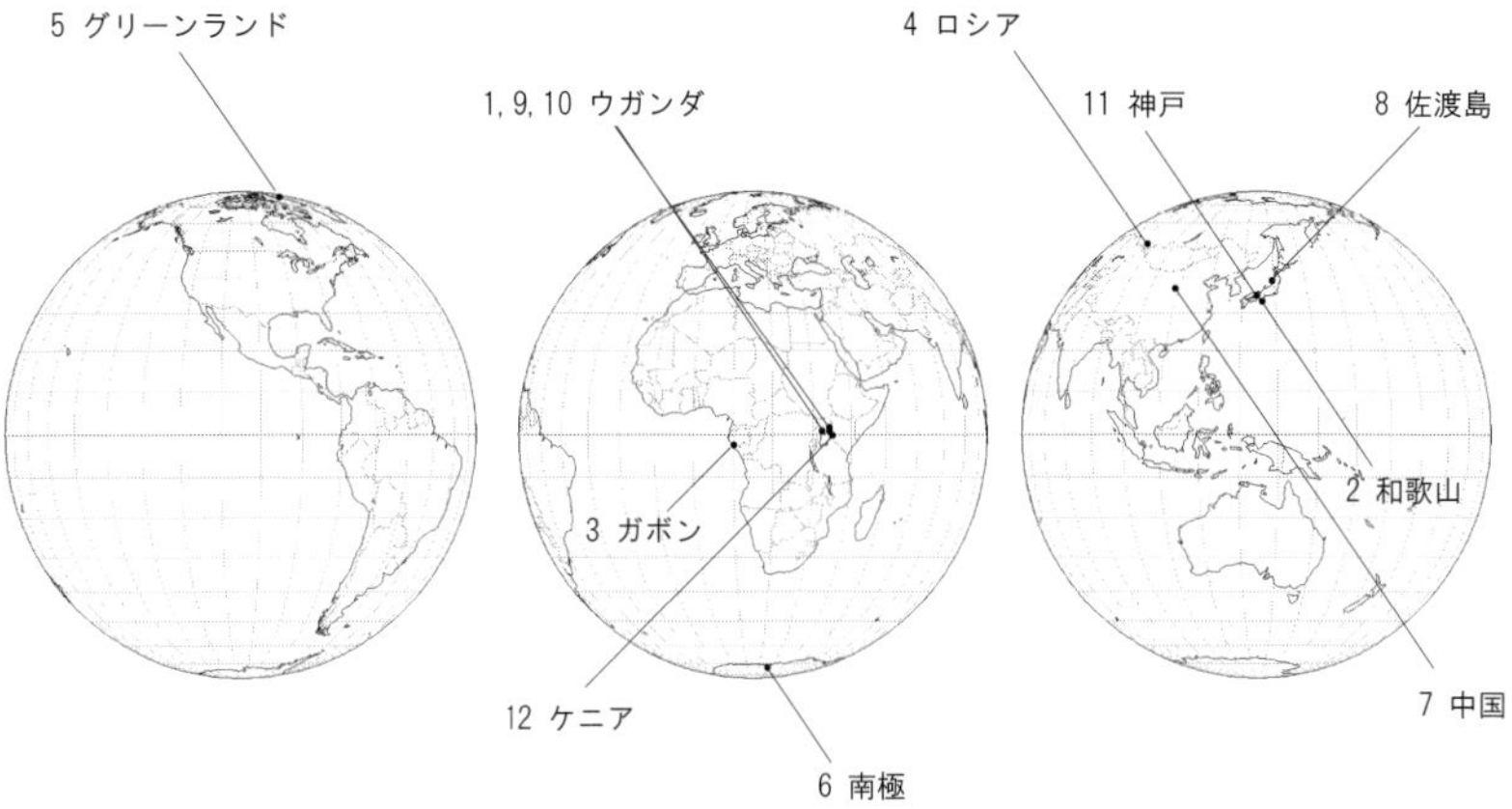

Million Fieldworkers' Series vol.1

Entering the Field

Edited by Wakana SHIINO, Soichiro SHIRAISHI

Kokon-Shoin Publisher, Tokyo, 2014

FENICS

100万人のフィールドワーカーシリーズ 創刊にあたって

フィールドワークは、世界中に自らおもむき世界を探究する方法である。現在日本にはさまざまな分野でフィールドワークを行うフィールドワーカーたちがいる。彼らは世界中で得難い経験を積み重ねてきた。だが、その経験は残念ながらあらゆる分野や学界・産業界の壁を越えて広く伝わっているとは言い難い。

このシリーズを企画したのは研究者フィールドワーカーたちが立ち上げたグループFENICS(Fieldworker's Experimental Network for Interdisciplinary CommunitieS：NPO法人として申請中）である。フィールドワークに興味がある人、これからフィールドワークをしたいと思っている人、ほかの分野のフィールドワークの知識や技術を学びたい人、フィールドワーカー同士で役立つ情報を交換したい人すべてに、私たちの経験を届けたい。そんな思いをもつ私たちの活動に賛同してくださった古今書院の関秀明さんのバックアップにより、15巻に及ぶ、あらゆる分野を横断するフィールドワーカーシリーズが発刊される運びとなった。

私たちFENICSは、フィールドワークの方法や視点、思考を互いに学び議論しあい、また地域に特有な情報、経験知などを交換したい、と活動し始めた。立ち上げにかかわったのは自然地理学、雪氷学、社会−文化人類学、人類生態学、民族植物学、地域研究といった、まさに分野を横断するフィールドワーカーたちだ。人が人をつなぐことで出会った私たちは、それぞれのフィールド話、研究活動の話に湧き、ネットでは得られない情報を、そして生きるエネルギーをお互いもらってきた。この知的興奮を、研究者の世界だけに閉じず、もっと多くのフィールドワーカー、さらに外の世界に関心のある産業界をはじめ幅広い方々に伝えたい。そしてFENICSの輪に入ってもらい、ともに経験したい。そうすればフィールドワーカーの計り知れない豊かな経験知があらゆる分野、業界につながり新たなもの／モノを作り出せるのではないか——。そんな希望を、私たちは持っている。

本シリーズは、まさにそのはじまりである。フィールドワーカーになりたいあなた、他分野から異なる発想を得たいあなたも、ぜひFENICSのムーヴメントに参加しませんか（くわしくは巻末の奥付をごらんください）。

FENICS代表　椎野若菜

Part Ⅲ

フィールドワーカーとフィールド

現場と調査の相互関係

Part Ⅳ

フィールドワークする私

参与観察のなかでの調査者

イントロダクション　フィールドに入る

椎野若菜　&　白石壮一郎

現場に入ること

この本は、フィールドとの出会い、フィールドでの出会いについての本だ。フィールドといっても、広い野原や農場のことではなく、「フィールドワーク」のフィールドのことだ。フィールドワークは現地調査であり、フィールドとは「現場」のような意味だとイメージしてほしい。実験室や図書館やネット上のサイバー空間ではなく、現場でこそ調べられるしわかることをもとめて、フィールドワーカーは調査に出かける。

では現場に入る、フィールドに入るとは、調査者にとってどういうことなのか。この本の執筆者たちは、自然科学・人文社会科学の諸分野で現地調査を行っている若手・中堅の研究者たちだ。あたりまえだが、研究者も普通に暮らす喜怒哀楽のある人間だ。現地調査に出かけた研究者は調査の舞台となる現地の人びとに迎えられる。かくして現場には人と人との関係が生じる。滞在中の生活について現地の人たちにお世話になる。調査を現地の人に手伝ってもらうこともある。共同調査の場合は一緒に出かけた同僚の調査者との関係だってある。

客観主義に立ったさまざまな科学的研究の調査が、現場レベルではとても人間くさい事情のなかで動いていて、（実験の結果そのものに影響はないが）研究プロジェクトのすすみ方もいろいろに左右されるということは、いまやよく知られている。研究も社会的な活動なのだ。通常の大学や研究所内の実験や調査にくらべて、フィールドワークはさらにそうした社会的活動としての面が大きい。研究職の専門家コミュニティや研究機関というホームを離れてのアウェイでの調査は、現場のふつうの人びとやふつうの場所を巻き込んで展開されることがほとんどだから、これは当然だ。こうした事情は、研究を効率よくすすめるという観点からすれば、やっかいな問題でもある。よく言われるのは「フィールドワークには時間がかかる」ということ。フィールドに入るとは、あらゆる意味でわたしたちの想定の及ばない状況のなかに身も意識も投げ入れるということだ。

この本をぱらぱらとめくってみるとわかるが、フィールドは日本国内をはじめ世界各地（アフリカや極地まで！）にひろがっている。こんにち調査ではなくても、ＮＧＯなどの仕事や、日本政府によるＪＯＣＶ（青年海外協力隊）などのボランティアでアジア・アフリカに向かい、現場でさまざまなミッションに取り組んでいる人も多くいる。そう考えると、日本や世界各地の、自分がこれまであまり知らなかったさまざまな場所での「フィールドとの出会い」「フィールドでの出会い」は、いまの時代にかなり普遍的なテーマかもしれない。もちろんＮＧＯや海外ボランティアも、研究のためのフィールドワークと同じかそれ以上にたいへんな仕事だ。ではなぜ、そんなにたいへんな現場に、人は向かっていくのだろうか。この素朴な疑問への答えを、この本ではさがしていこうと思う。

フィールドのリアル

しかしこの素朴な「なぜ」という疑問に、この本はストレートには答えない。そのかわりに、それぞれの研究者が経験した「フィールドでの出会い」や「フィールドとの出会い」をリアルに語ってもらい、読者のみなさん自身に、そのなかから答えを見いだしてもらいたいと思う。これは意地悪をしていたり「上から」的な態度で言ったりしているのではなく、フィールドワークと同じで、その問いには近道の答えがおそらくないからだ。なぜ研究者は大学を飛び出して、手間も時間もお金もかかるフィールドに向かうのか。なぜ国際協力の専門家やボランティアは、東京の事務局に勤めるのではなくアフリカの現場で汗を流すのか。それだけ魅力があるからだろうけれど、どんな魅力か？それは研究活動が本来もっているはずの未知のものごとに挑戦する魅力、そもそもなににどうやって取り組むべきかがあまりはっきりしないままに「そこ」に向かっていくということへのわくわく感だ。でも、なぜわざわざアウェイに？

ホームではなくアウェイで取り組むことの魅力は、いろいろある。端的には観光とはちがった旅や探検と同じ、見知らぬ土地や人との出会いの魅力。そして、取り組むべきプロジェクトが大学や研究所や組織から与えられるミッション、学問としての、あるいは国際協力・社会事業の精神から与えられるミッションであると同時に、自分と現場との固有のつながりから派生する、自分独自のプロジェクトに近いもの、自分とフィールドのストーリーとして捉えやすいプロジェクトとなるゆえの魅力かもしれない。

さらに言えば、プロジェクトのプロセスがいくつも裏切られるということもふくめて現場である。不測の事態は当然であるかのように生じる。試行錯誤の連続。この点さえもフィールドの魅力であることは、この本の各章を読んでいただければわかると思う。そのプロセスからもたらされるプロジェクト上の発見もある。そしてそうした艱難辛苦がフィールドワークに「自分のプロジェクト」としての色合いを添えやすくしているという面もあるだろう。そんなに突飛なことを言っているつもりはない。フィールドに滞在するなかで、研究者をはじめ開発援助・社会福祉、社会起業などの実務家が自分を再発見することはざらにある。そのなかには、びっくりするものも、うれしいものも、うんざりするものもある。つまり、それぞれの研究者のフィールドワークにはそれぞれのストーリーがある。

研究者の最終成果は学会発表や論文だ。キレイな方法論以外の調査プロセス、現場の社会的なあれこれや試行錯誤の部分は、そこでは本来問題にされない。しかし、フィールドワーカーどうしは非公式の場において、フィールドの話をこの上なく熱心にする。お世話になった人びとの登場する、現場でのさまざまな笑い話やトラブル、気づきのエピソード。それは、第一にそれらがおもしろい話だからであり、第二には、そうしたなかから調査方法上や理論上など「本流」につながる発見へのヒントがあるからであり、第三には、おそらくそうしたプロセスのなかにフィールドワークの真髄やフィールドワーカーのプライドをみるからだろう。だからこの本では、それぞれの執筆者には研究プロジェクト全体の学問的な意義や調査方法の解説とともに、現場での調査のエピソードをふんだんにもりこんだ、それぞれのリアルなストーリーを語ってもらうことにした。

世界各地のフィールドで

現在入手できるフィールドワークの入門書は数多くあるが、以上に述べたような視点から構成されていることが、そのままこの本がもつ類書にない特徴といえるだろう。フィールドワークの入門書は、限りなくマニュアルに近いものも可能だが、それとは別に、師匠からの口伝と見よう見まねでしか伝達の難しい技芸なのだという根強い意見もある。別の言い方をすれば、フィールドワークの入門書・指南書のたぐいは、一度か二度フィールドワークに行ってから初めて理解できるのだし、現場や調査者によってやり方はいくつもある。だから結局は一部しか使えない、あるいはそもそも誰か（著者）のやり方を一部でもそのまま「使える」ものとしてなどみるべきではない、というわけだ。では、フィールドワークに行く前の人をフィールドに誘うような本には、ていねいな手引書以外のどのような形がありえるだろうか？

編者のわれわれの憶えているなかでも、上の世代の研究者（先生たち）から聞いたフィールドワーク中のエピソードは、ときにいろいろな調査法の指南よりもずっと参考になり、インスパイアされたことが多くあった。特別な秘策があるというわけではないのだが、経験に裏打ちされた説得力がそこにはあった。やはり、フィールドワークにはこのように経験から経験へという伝わり方があるのだ。だから、読者のみなさんにはこの本に登場する14人のフィールドワーカーの肩越しに、それぞれのフィールド滞在を覗いてみていただきたいと思う。

以下につづく各章では、調査者たちがそれぞれのフィールドとどのようにして出会い、どのように調査に取りかかっていったのか、そこで出会ったさまざまなものごと、試行錯誤、発見と失敗など、読者が現場と調査についてのエッセンスを学ぶためのエピソードを語っている。本全体は大きく４つのパートに分かれていて、それぞれのパートのねらいは、各パート扉ページにかんたんに解説してある。第１章から順に読んでいただいても構わないが、目次をみて目に留まった章から読んでいただいてもよいように構成されている。読者の皆さんにフィールドのイメージが沸きやすいよう写真も多く掲載したが、これらはとくに断りがないかぎり、調査に赴いた著者自身によって撮影されたものである。

大学生、大学院生、ＮＧＯ実務家、海外ボランティア、社会起業家、そしてもしかしたら旅行者のあなたへ。あとは、各章の執筆者に語ってもらうことにしよう。

Part I

社会的活動としてのフィールドワーク

人づきあいで調査も変わる？

フィールドワークを「始める」前の人間関係で調査が変わるものである。▼白石は、アフリカの農村調査を始めるべくある家庭に家族の一員として居候する。「兄弟」となり寝食を共にする青年に、調査の補助役として自分と村人との間に立ってもらい調査を開始。村人とどう仲よくなれるかが、調査の鍵であるが――。▼関口は捕鯨業の捕獲物調査という仕事から始め、漁に関わる人びとと食事や風呂をともにし関係をつくり、念願の乗船調査の機会を得る。関係が関係を生み、新たな調査を生む。▼竹ノ下の携わる大型類人猿の野外調査は、森を知り尽くす現地の人に研究者の手足、五感の助けとなってもらい、彼らから森の動物のあらゆる知識を教わる。だが雇用という現実的な関係と共同調査者という関係のバランスがつねに課題となる。

1 ミシャキ家の居候

アフリカ農村調査での人づきあい

白石壮一郎
SHIRAISHI Soichiro

東アフリカの山村へ

村をあとにして、階段状に段丘と断崖をなしている山腹の崖道を汗だくになって登っていき、途中でひと休みのため岩に腰をおろす。熱したからだから1分足らずで汗が蒸発していくと、冷えないうちに立ち上がる。見晴らしのよいポイントからは、いくつかの村を眺めることができた。調査地の景観を学会や研究会で説明するために、この地点では写真を何回か撮ったことがある（写真1）。この先の崖道を登りきったところで、山のなかにある県庁の小さな町にたどり着く。もっと以前に、初めて村に向かってこの急勾配を下っていったときにも同じ景色をみたことを、私は思い出していた。円柱形の土壁の本体に円錐型の藁葺《わらぶ》き屋根を乗っけた小屋が点々とみえる。ひとつの家族

写真1　調査地の村々の景観

の屋敷地のなかにはこの小屋がいくつかあって、それぞれがかまど、母屋、寝室などとなっている。よくみるとかまどの小屋からは薄く煙が上っているものもある。直方体の土壁の本体の上に山型のトタン屋根を被せた家屋もところどころにあって、トタンがまだぴかぴかしているのは最近建てられたもの、錆びた色をしているのは20年以上前に建てられたものだろう。それぞれに誰の家かという見当もつく。崖下の日陰の多い部分とそれぞれの家屋のそばには緑の濃いバナナ畑がみえ、屋敷地と屋敷地とのあいだには、まだ収穫期前の青々とした背の高いトウモロコシ畑が広がる。そうした畑のあいだの小径を、作物を荒らさぬよう注意しながら、小学校から戻った少年がヤギを追って放牧にでかけようとしている。いまとなってはこの景観から私の意識にインプットされるこうした情報は、最初にこの眺めの前に立ったときには私の頭のなかにはなかったはずのものだ。

１９９８年12月、初めてのフィールドワークのために単身渡航した私は、ウガンダ共和国の首都カンパラから２日がかりで、隣国ケニア共和国との国境に聳

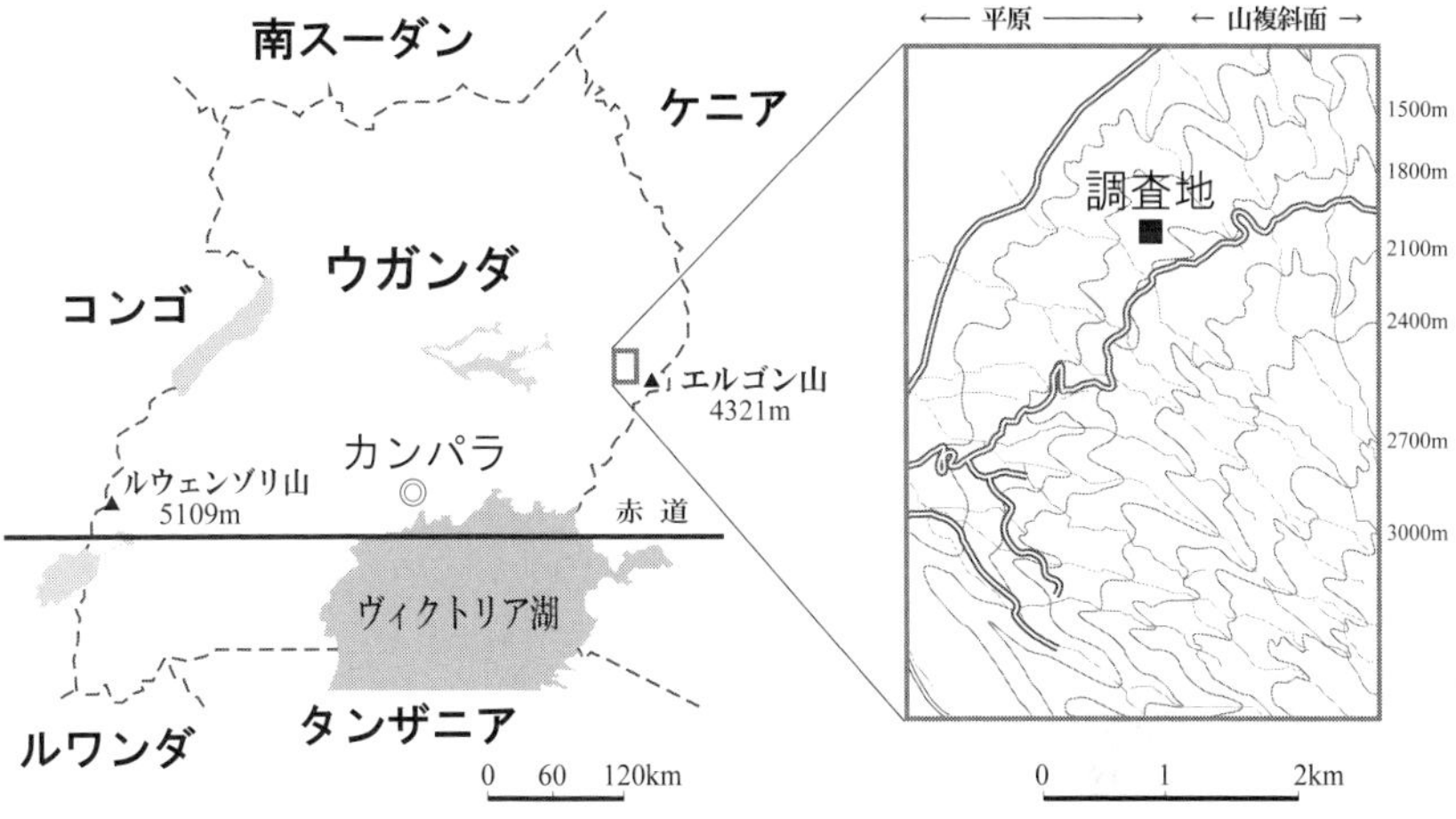

図１　私の調査地，エルゴン山北西断崖斜面上の山村

えるエルゴン山の中腹にある、人口８７００人の土埃の舞うにぎやかな県庁の小さな町に、乗客14人の乗り合いバスでたどり着いた。そこで1週間ほど滞在し、県知事から「関係各位（To whom it may concern）」あての紹介状を発行してもらうのを待っていた。紹介状は、この人は怪しい者ではない、ウガンダ政府に許可された調査をしているのだから協力してやってくれ、という内容の身分証明だ。このときこの町で出会ったのが、キプロティッチだった。彼は町から崖を下った村の、ある家の長男で、その後私は彼の家族にたのんで居候しながら調査をすることになった。この章は、この調査助手キプロティッチ・マタニ・ソロモン君と私が調査をすすめていくなかで、村びととのつきあいがどのようにすすんでいったのか、という点を中心にアフリカの農村調査での人づきあいについてお伝えしたい。

調査助手と出会う

キプロティッチは、私と出会ってすぐに、成人儀礼の割礼を受けに県庁の町から東に20㎞ほど離れた親族のところ（父方のオバの家）に行くことになっていた。そこで彼は私も一緒に来るよう提案した。ちょうどいろいろな地域をみてまわろうというつもりがあったので、私は彼について行って割礼式に立ち合うことにした。それから一週間も経たないうちに、父方オバの家の敷地内で、近所の老若男女大勢の見物人たちが見守るなか、キプロティッチとその従兄、それに友人たちの計5人が一緒にペニスの包皮を切除する割礼を受けたのを、私は最前列で座ってみていた。あとでわかったことだが、彼が自分の育った村で割礼を受けなかったのにはわけがあった。１９８０年代にペンテコステ派キリスト教に入信した「進歩的」な彼の父親は、病院での割礼を長男に奨励した。これに反撥した彼

表1　大学院在籍時のウガンダ農村調査（エルゴン山）

	調査期間	内　容	備　考
1	1998年12月 ～ 1999年03月	予備調査．調査許可取得，エルゴン山域の3地域の農村を5～6カ所視察してのち，調査村を決定する．	初めてのウガンダ，初めての調査渡航(単独)．ちょうど成人儀礼(割礼）の時期にぶつかっており，とても賑やかだった．
2	1999年06月 ～ 2000年02月	①質問票を使った村の56世帯（当時）の全戸調査．世帯の構成員，割礼年，栽培作目，耕地の位置とだいたいの面積，飼養ヤギ・ウシ頭数，最近2～3年間の商品作物出荷状況など．②1970～80年代のウガンダ政治経済不安定期のこの地方のインセキュリティーについての聞き取り．③ふたつの大きな親族会議への参加と記録．第1は居候先の一家の土地相続会議．第2は殺人事件をめぐって，殺人者と被害者双方の氏族間でその代償を交渉する会議．	まだ調査内容については迷ってばかりだった．①の世帯調査は滞在なかばで行った．当時の最大の関心は，20世紀の前半には農牧民的な生計を営んでいた人びとが商品作物栽培に転じた歴史・社会的な経緯だった．近隣民族とのあいだで問題化していた牛の掠奪がそのカギになるだろうと仮説．
3	2000年07月 ～09月	修士論文のための補足調査．農繁期に各世帯からウシを預かる，村外のウシ共同管理拠点での牧夫の輪番制，牧夫とウシの持ち主との契約関係などについて．	村から離れた牛の放牧キャンプに住み込み，ひたすら牧夫たちの牛群管理体制の記録に徹した．
4	2001年12月 ～ 2002年09月	①世帯間の隣人・親族関係をベースにした協力関係，互助講などのアソシエーションをベースにした協力関係について調査．とくに耕地での農作業をめぐる協力について詳細に調査．②商品作物の導入にともなう生業変化を中心とした地域史一般について年長世代への聞き取り調査．	年長世代への聞き取りでは，商品作物（トウモロコシ）と牛耕が地域に入ってきて，村の社会経済が劇的に変化していったという，（ウシ掠奪による変化とは別に）もうひとつの地域史のイメージが頭に描かれていった．
5	2003年12月 ～ 2004年03月	土地相続と土地の保有，土地争議についての聞き取り調査．また，当時係争中だった土地争議の関係者にも個別インタビューを行った．	これまでの調査での理解（農村の基本的な生計と社会関係，地域史）を土台にした事例研究をめざした．

は（病院で麻酔つきで割礼されたとなると、友人から腰抜け呼ばわりされるに決まっている）、しばらく実家を出て親族の家に身を寄せ、割礼を受けようと決めた。そして、たまたま県庁の町に滞在した短い期間に私と出会ったのだった。これが、エルゴン山に住む彼ら「サビニ」と自称する人びと（民族集団）と私との、長いつきあいの始まりだった。

大学院在籍時に私は、エルゴン山のサビニ人社会で5回の長期滞在調査を行っている（表1）。この章では調査初期の1回目、2回目のエピソードを中心に紹介する。当初の私には過去半世紀の間の農村の社会経済的な変化、そのなかで人びとの価値観や規範がどのように変わっていくのか、といったことに漠然と関心があったが、まだ調査トピックは特定していなかった。表1にはそれぞれ調査の「内容」が書いてあるが、事前にその調査をしたいと計画を立ててその計画通りに調査を行ったというよりも、フィールドに入っていきあたりばったりでおもしろそうだと思ったもの、気になったことを調べるというやり方だった。このやり方はあまりおすすめできない。真面目な人は「何を調査したらいいのかわからない」という苦しい状態に陥るからだ(私もそういう状態にはまったことがある)。

他方でつよくおすすめしたいのは、社会調査をするならば、そのトピックが何であれ、いつも一緒にいてくれる調査助手をみつけることだ。とくに海外での社会学や人類学のフィールドワークには、調査助手をしてくれる現地の人物が要る。調査は、調査者とこの調査助手との共同作業となる。調査助手はたんなる現地語通訳ではない。もっと総合的な現地案内役であり相談相手で、現地での人付き合いの実態、作法、調査者が現地で暮らしていくさいの生活上のさまざまな便宜まで、とかく調査に関してわがままで、現地のいろいろな勝手のわかっていない調査者につきあってくれるありがたい存在だ。

私の助手をつとめてくれた調査村の人物は数人いる。いずれも、当時10代後半~20歳代の青少年で、そのなかで最もつきあいが長いのがキプロティッチだ。エルゴン山の数カ所の地域の村むらをみてまわっていたなかで、住み込み調査の滞在先に彼の家を選んだのには理由がある。理由のひとつは、彼が長男で、ひとりの姉のほか弟・妹あわせて当時未婚のキョウダイ8人と両親の10人で暮らしているという家族構成だったことだ。ほかの地域の村むらでも私を居候として受け入れ

写真2　出会ったころのキプロティッチ氏
向って右.

てもいいといってくれる人はいたが、彼らのほとんどは当時の私と同年齢程度の既婚で20歳代後半の男性で、妻と1～2人の幼い子をもつという家族構成だった。村ではひとりの女性が子どもを8～9人は産むのが標準だったので、家族のライフコースというものを想定すれば、キプロティッチの家族は当時最大サイズだ。娘は結婚すると、夫と一緒に暮らすべく育った村を出ていく。息子は割礼を受けるころになると、父親の土地の一画に独身小屋を建て、そこで寝起きするようになり、結婚後はそこが妻と暮らす拠点になる。おそらく数年のつきあいで、姉や妹などが結婚し、弟も割礼を受ける、ということが考えられた。つまり、いろいろな家族のイベントを間近で観察する機会にめぐまれるだろうと目論んだのだ。

キプロティッチの父母の家にお世話になりはじめたころ、彼はセカンダリー・スクール（中学校）を休学中だった。これは、アフリカ農村での調査助手のなり手としては典型的だ。調査者ははじめ現地語をほとんど理解できず、英語を使える通訳が必要だ。ウガンダでは１９９０年代以来初等教育が無償化されているが、中等・高等教育は学費を払わなければいけない。調査地では小学校を中途でドロップアウトする者もいるが、７年間の小学校を卒業すれば多くがセカンダリー・スクールへの進学を希望する。しかし学費工面のための親の奔走もむなしく、入学はできたものの学費支払いが滞って休学中の者が必ずいる。小学校を卒業できた時点で英会話はある程度できるから、彼らは調査助手にはもってこいなのだ。こちらは学費の支援を約束し、あちらは調査の「助手」をひきうけるというギブ＆テイクが成立する。

私は考えた末、キプロティッチとは作業内容やそれに対する報酬についてはとりきめをせず、ともかくひとまず手伝ってくれ、と頼み込んだ。こうして、ほぼ毎日彼と連れ立って村のあちこちを歩きまわる調査生活が始まった。大学院生の乏しい調査予算は、いつ底を尽きるかしれなかった。私には何についての調査をどれだけやるかなどの見通しはなかったし、かりにあったとしても、初めてのことなのでその調査にどのくらいの労力と時間がかかり、何を手伝ってもらうのかはわからなかった。契約というものは必ず、「これだけ支払っているのだから相応のはたらきをやってもらわねば困る」というような心情を私に引き起こしてしまう。たいていの場合、そうした心情は調査者の不安やわがままの表れだが、それを自責してもしかたのないことだ。そんなこんなで、私が内心で決めていたのは、何かのとき私にできる金銭的な支援を申し出よう、ということだった。貧乏な大学院生とはいえ、家の人より現金の持ち合わせは多少ある。そして実際に、キョウダイの学費の一部、家族親族の入院費・薬代といった臨時の医療費など、支援の機会はときどきやってきた。これは調査者それぞれの性格によるだろうが、私はこうしたやり方が自分に合っていたと思っている。

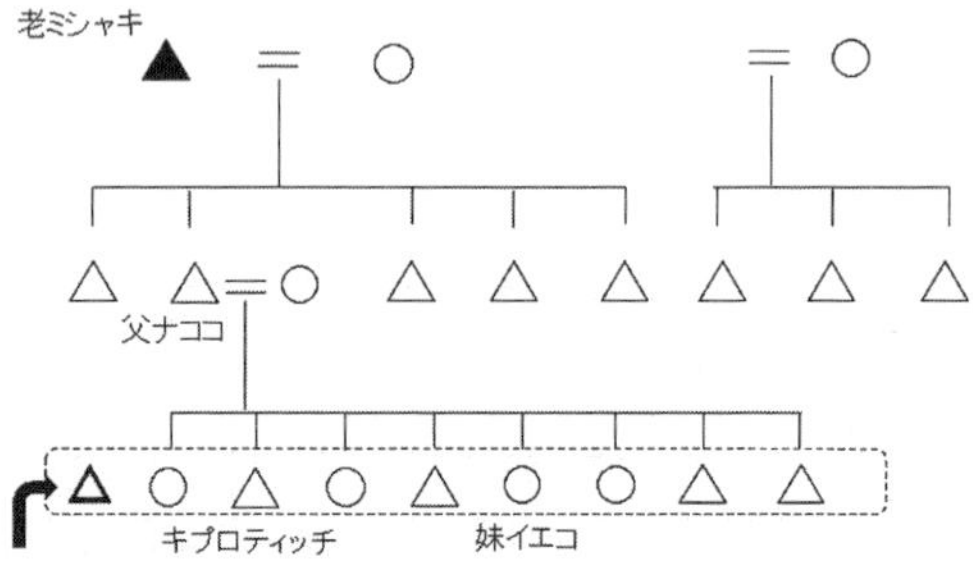

居候である私は，父ナナコの息子の位置に入り込んだ．
破線枠内がキョウダイたち．

図 2　ミシャキ家の系図

ミシャキ家の簡略版家系図（1999 年当時）．△は男性，○は女性，＝線は結婚，水平線はキョウダイ関係，垂直線は親子関係を表す．老ミシャキはすでに故人，あとは存命．左から右へ老幼の順で示す．老ミシャキの 2 人の妻にはそれぞれ，年上の妻に 5 人の息子，年下の妻に 3 人の息子がおり，第 2 妻の三男を除いて既婚者で妻子をもっていた．私が居候したのは老ミシャキの第 1 妻次男である父ナココの世帯で，その 8 人キョウダイの長男が調査助手キプロティッチだ．結婚して村を出たミシャキの娘たち，および父ナココを除く息子たちの妻子はこの系図からは省略した．

写真 3　父ナココ

ある結婚式にて．

ここでキプロティッチの家系について、簡単に紹介しておこう。すでに1984年に亡くなっている彼の父方の祖父はミシャキという名前で、このミシャキの次男坊が父ナココだ（図2）。私は徐々に「ミシャキ家に白人の居候がいる」と村びとたちに知られるようになった。キプロティッチはミシャキにとって、初の男孫だった。ミシャキは第一次・第二次の両世界大戦で英国王立アフリカ小銃隊（King's African Rifles）に従軍、第二次世界大戦では海外遠征を経験し、日本まで行ったということらしい。彼はいまわの際に幼い孫を呼んで、将来おまえの前にヨーロッパ人の女とアメリカ人の女と日本人の女が現れたら、迷わずに日本人を娶るべし、日本の女性はそれほど賢く、優しかったと言い残したらしい。ことの真偽はさておき、キプロティッチはふらりとやってきた日本人と知り合い、一緒に暮らすようになることに、いささかの運命のおもしろさを感じていたようだ。

居候生活の楽しみと効用

さて、父母やキョウダイたちによろしくお願いしますと挨拶したその日から、居候生活は始まった。夕食は出されたものを必ず一緒に食べた（表2）。粉挽きしたトウモロコシを鍋に沸かした熱湯と練り合わせたポショ、ナイフで皮むきした料理用バナナを茹でて蒸してマッシュしたマトケ、インゲ

表2　夕食の食材の登場回数

主　食	回数	副食	回数
トウモロコシのポショ	29	スクマ・ウィキ（ケール）	16
ジャガイモ	6	インゲンマメ	6
料理用バナナ	3	酸乳（自家製ヨーグルト）	6
米	3	ヤギ肉（定期市で購入）	5
		鶏肉（自家製）	3
		魚薫製（定期市で購入）	4
		キノコ（採集）	3
		マメの葉	1
		カボチャの葉	1
		キャッサバ	1
		そのほか，採集された野草など	4

2000年6月下旬～9月上旬までの夕食38食の食材.

ンの煮豆などなど。メニューはあまり豊富ではないと思っていたが、数カ月すごしてみれば、いろいろなものの収穫の時期にその食材が集中して使用されるということがわかった。たとえば、カボチャの収穫時期にはカボチャを蒸かしたもの（そしてカボチャの葉の炒め煮）は毎日、サツマイモの収穫時期にはサツマイモを蒸かしたものが毎日食卓に主食としてのぼった。だから一年を通してみると、食材のバラエティはある。朝食というものはない。おとなはチャイ（ミルクティー）を飲み、子どもはゆうべの残り物のポショをかまどで母に残り火を起こして暖めてもらい、それを口に放り込んで小学校へダッシュした。昼ご飯というものも、みなあまりとらない。

1回目の短い滞在では、ノートに畑の作物、敷地のなかの家屋の配置、家族の名前などを記していった。このころは、「野帳」として知られるポケットに入る堅い表紙の40枚の小型ノートを記録用に使っていた。この記録とは別に、夜に日記をつけようと思ってA4判のノートももっていっていたが、これは三日坊主に終わった。夜はキプロティッチの独身小屋でふたりで寝ていたのだが、夕食のあとには家族と母屋で話す時間が楽しかったし、そこから知れることは多い。こんな貴重な時間を小屋にもどって日記をつけるというのはばかばかしく思えたし、なにより毎日新しいことに接している状態で、私の頭のなかの処理は文章にまとめてアウトプットするまで追いついていなかった。もちろん、断片的な、その場その場での記録ノートとは別にまとまったものを毎日ノートに書いていくのはムダなことではない。より有効なのは日

写真 **4**　トウモロコシ畑のなかをすすんでいく

記につきものの感想や内省のたぐいではなく、人にみせられるきれいなものでなくてもよいので、その日に見聞きしたことを頭のなかで再生してみて、記録ノートには書き込まれていない細部の記録の補強をするというようなやり方ではないかと思う。

2回目の調査にやってきてからは、すっかりこの家での生活にも慣れ、家の人びとも私を家族のように扱いながら、一緒に食べ、しゃべり、笑うという時間を過ごすようになった。私にとって、この村の人びととの生活について理解していく拠点は、まちがいなくこの家での生活であり、この家族とのやりとりだった。次の節で述べるように、村のすべての世帯に質問票（アンケート用紙）を使った調査を行ったのは、2回目の滞在の後半のことだ。生活の諸場面のディティールについては家族との時間で学びながら、一方でキプロティッチとともに、ボールペンとノートをもって村じゅうを歩きまわる日々が続いた。

村の社会関係のひろがりは、歩きまわっても目にみえない。まず居候先の家族を中心に、顔見知りを足がかりに社会関係を把握していく。父ナココをふくむミシャキの5人の息子、それぞれの妻と子どもたちの家族がある（図2）。さらに、この5人の兄弟の母はミシャキの第1の妻で、第2の妻にも3人の息子とそれぞれの妻と子どもたちの家族がある。これらを全員ひっくるめて「ミシャキ家」だ。夕食のたび、父母は「今日はどこまで行ってきたんだ」と私の調査のことをおもしろがって聞いてくる。このときに、たとえば村のどこそこの家に行った、といえば、その家の親族関係や笑えるエピソードなど追加情報を得ることができた。

朝は朝で、黙っていてもいろいろな人を知るチャンスはある。起きてキプロティッチの小屋から出ると、まず父・母や妹・弟らが投げてくる「よく眠ったか、目を洗ったか？（ここの人たちは、顔を洗うことを「目を洗う」というのだ）」というおはようの挨拶に返事をしたら、まだきつくない朝の日射しの敷地のなかに椅子を置いて腰掛ける。敷地は塀や垣根で囲まれてはいないので、道ゆく人とお互いの姿はまるみえだ。母親がチャイを沸かしてもってきてくれるのを、隣に座る父と話しつつ待っていると、となり近所の子どもたちが小学校に駆けていくのがみえるし、通りがかりの村びとからは挨拶の声がかかる。そんなときには挨拶を返し、「こっちに来てチャイを一緒に飲んでいかないか」と父が声をかける。そうしたひとりひとりを、父にあれはどこの家の誰、と確認していった。

こうして村の人びとを把握していくと、頭のなかで村の社会関係のマッピングもすすんでいく。村は周囲から孤立しているわけではなく、境界を接する隣り合わせの村むらとの日常的な人づきあいがある。そうした面識ある社会関係のひろがりは、大人だけでもゆうに千人を超えるのではないだろうか。しかし、「××家の誰々」「誰々と誰々とは同父異母兄弟」などとして憶えていけば、かなり把握できるようになる。古典的な人類学の調査報告書は、たいてい村の親族関係について述べられている。親族関係は、ある人が困ったときに誰に頼れるのか、というような社会的な役割・機能の体系としても理解できるし、なにより村の人びとを社会関係のひろがりとして整理し把握するときに、それを使うと頭に入りやすいのだ。最初はまるで区別がつかなかった村のこどもたち（なにしろ、数が多い！）の顔もすいぶんわかってきた。村びとはこちらのことをすぐに憶えるのにこちらがいちどで憶えないので、当初はずいぶんからかわれたものだが、私もだんだん憶えてきていることが向こうにも伝わってきた。

村を歩いていてどのように振る舞えばよいのかは、いつも一緒に歩いているキプロティッチの真似から始めてしだいに身についた。すれちがう人、こちらがその人の家敷地の前を通りがかる人からは必ず挨拶が投げられるので、投げ返す。内容は、どこからきたのか、どこにいくのか、から始まって、なにしにいくのか、家の者は元気か、ときおりは家のウシは元気か、などという。このような挨拶にも、考えようによってはそれなりに機能はある。たとえば私が話を聞きたいと思って、ある目当ての村びとをさがす。そのようなときに、誰かに尋ねれば「ああ、あいつはさっき町のほうへ出かけていった、誰かに会うとかいっていたな」というように確認できるのだ。同じように私の居場所も、人づてにわかってしまう。

いつも一緒にいてくれる調査助手がいれば、彼が調査者である私のことを日頃から観察し、だいたいどのようなことに興味があるのか、どのようなことをどの程度の詳しさで知りたがるのかをわかっていてくれる。私のインタビュー相手に取り次いだり通訳したりしてくれるし、夜寝る前に私の話し相手になってくれ、その日のおさらいがあるときはつきあってくれる。その日に会った人が誰で、そこに居合わせた人は誰なのか。その人の氏族（クラン）はどこか、女性であればどこから嫁いで来た人なのか。キプロティッチと歩くことと、家族とおしゃべりすることを通じて、私は村の生活と社会の理解をすすめることができた。

もう一点、村の人づきあいを学ぶうえで大切だったのは、まず私をミシャキ家の者、父ナココの息子として受け容れてくれた家族がおり、自分もその立場をひきうけたことによって、社会関係への理解が実感をともなってすすんだということだ。これはとくに親族関係についていえる。重要なのは、相手との関係をちゃんとわかって尊重しているということを日常的に示すという点だ。図2でも示した通り、父ナココのキョウダイ（父方のオジたち）、その母親（ミシャキの寡婦）にはそれぞれ「*baaba*

写真5　母と小さな弟たち
筆者はこの小屋で寝泊まりしていた.

（父さん）」「*googo*（おばあさん）」と呼びかける。父たち（*baaba*）の奥さんらには、うちの母同様に「*ayo*（母さん）」と呼ぶ。彼らの息子や娘（イトコ）は名前で呼んだり「*yeya*（キョウダイ）」と呼んだりする。このyeya（キョウダイ）が結婚した相手は「*kapikoi*（義理のキョウダイ）」だ。そして、彼らの家のそばを通る際には素通りせず、挨拶して行ったり腰掛けて行ったりすること。2002年8月に妹イエコが結婚したときは、そのお相手の隣村の青年とはそれまでは近所づきあい、友だちづきあいの感じだったのだが、両家の話し合いがなんとかまとまった翌日から、お互いに「*kapikoi*」と呼ぶ合う間柄になった。このとき私はたいへんうれしく思ったし「なるほど！」と感じ入った。妹と結婚した青年は姻族（婚姻によって親族となった人たち）になった。だから義理のキョウダイに対する挨拶のルールを適用する。ルールというと掟のように「守らねばならないもの」「個人を拘束するもの」のイメージがあるが、ルールに則ってお互いをリスペクトし認め合うという喜びもある。妹と結婚した青年と昨日までと会って話す内容ががらりと変わるわけではないけれど、この変化は文字どおり劇的で、わけもなく楽しかった。このとき私は、村びとたちがこうした親族・姻族の社会関係のことをなぜ大事にするのかが少しわかった気がした。このように調査する社会のなかに入り込んで観察し、内側の視点からその社会について理解を得るようなやり方は参与観察（participant observation、またはparticipatory observation）とよばれている。

だが、失敗もした。ある日のこと、キプロティッチは所用で出かけており、私はひとりで隣村まで足を延ばしていた。フィンガーミレット（和名シコクビエ、東アフリカで栽培される穀物）の畑で作業中の老齢の女性ふたりのうちのひとりが私に挨拶を投げ、あとで家に寄れ、預けるものがある、という。いわれるまま、しばらく経って彼女の家を訪れると、彼女は酸乳（自家製ヨーグルト）のたっぷり入ったひょうたんを私に笑顔で手渡した。そこで彼女が私に現地語でいった内容が充分わからなかったのだが、それより問題は彼女が誰か、ということだった。みたことのあるような顔だったが、私はその場で思い出せなかった。家に帰って母に隣の村のこれこれの辺りに位置する家で、フィンガーミレット畑で作業していた老齢の女性、というと、たちまち母は、それは隣家に住む父方オジの妻の母親だ、おそらく一緒に畑仕事をしていたのは誰々だろう、といった。なるほど、といいながら、われわれはそのひょうたんの酸乳をたいらげた。はたしてその翌朝、そのオバが「私の母に会ったか、何かを受け取らなかったか」と微妙な表情でいう。私は自分の誤りに気づき、頭が真っ白になった。彼女は、母親が自分に渡してくれるよう私に託した酸乳を、私と家族とがもう食べてしまったのを知っているにちがいない。痛切な経験だった。私はひたすら謝り、そうした基本的な関係も現地語もろくにわかっていなかった自分が、彼女の母親の意をくめなかったことを心底情けなく思った。

村びととの関係のなかで

2回目の調査の後半、村びとたちともそれなりに顔なじみとなり、生活のようすもみなれた景色になっていったころ、私は全戸調査を試みることにした。質問票（アンケート用紙）を用意する。質問項目は、家族構成、畑での栽培作目、土地の相続状況、昨年の作物出荷状況、家畜の種類と頭数など、おもに村びとの財産と生産についての調査だった。世論調査のような「意識調査」は難しいので、国勢調査のような「実態調査」をやって、具体的なデータから村の社会経済を把握してみようと思ったのだ。

質問票調査というものは、シンプルなようで難しい。質問票で私が尋ねることについて、なんの意図があるのだと訝《いぶか》しむ人もいた。これまでは変な奴がミシャキ家の居候をしているとおもしろがっていたのだが、いざ自分の家の何かを調べられるとなると、質問を始めようとしても、先方は乗ってこないこともしばしば。そうなると脇にいる助手のキプロティッチが板挟みになる。彼自身、そのことをどうみていたのか。（以下の対談部分のKはキプロティッチ、Sは白石）

K　世帯の聞き取りは、いろいろと難しいところがあった。まず、ごく初めのころはソイチロの質問を私が訳して伝えていたわけだけど、村の人びとはすぐに私に対して、私の目をみて何かいってくる。そんなことを聞いてどうするんだね、というように（笑）。

S　それはちょっと経って私が現地語で短い質問をし、そちらに補足してもらうようになってからもしばしばあった。要するに、言葉の問題じゃない。そのつどこちらから「リサーチなんだ」という、説明にならない説明をするしかなくて。「ここの村の生活を学びたいんだ」「何のためにだ？」というやりとりは山ほどあったね。

K　たとえば、こちらでは「人の子を数えるべからず」という。それはウシについても同様。人の子の数を尋ねるようなことは、ちょっとふつうではないことで、何か子どもに災いをもたらすこともあるかもしれない、あるいは自分のウシの群れになんらかの厄災をもたらすかもしれない、という人もいた。

S　世帯調査をはじめた当時はみんな、ミシャキ家に居候し

写真6　バナナの葉の剪定をするおばあさん

ている白人＝私のことを噂に聞き、みかけたことはあるけども、何者かということはあまり知らなかったわけだからね。こちらから聞きとりの手始めの簡単な自己紹介をするんだけど、そんなものはあまり相手を安心させる説明なんかになりっこない。

K　それから、土地にたいする質問（どの土地が、誰のもので、何エーカーあって、隣の土地との境界はどこか、など）はやはり難しかった。みな、人には明らかにしたくないことも、とくに土地やウシについてはあるものだから。

もどかしかったのは、私自身がこの世帯調査について、もっともらしい調査の目的とか、ましてや調査に協力したらどんないいことがあるかなどの説明がうまくできなかったことだ。頭にあったのは大学院で説明できる形で村の概要をつかむこと、そして村の人たちの家々に直接訪問して挨拶し、自分を知ってもらう機会とで一石二鳥だという程度のことで、自分が村のことをわかるために大事なんだということを伝えるしかなかった。村びともそれなりに忙しい。そのうえにそういうやりとりがあるからさらに時間を取られる。いまから思えばこうした村びとの対応そのものも、彼らの社会を理解するうえでの重要な手がかりがあった。ここでは省くが、キプロティッチのいっている土地やウシに関して人には知られたくないこと、という点についても、のちの調査トピックにかかわってくることになった。こうした世帯調査は、それ自体が目的というよりは、調査の問題発見のための意義が大きいと思う。

そんなわけで、この世帯調査は当時、評判がよくなかった。こんなことにつきあわされてなんの得があるのか、という声が多かったので、気の効かない私もさすがに考えて、途中からは砂糖半kgの袋を手土産に訪問することにした。また、フィルムのカメラをぶら下げていたので居合わせた家族や隣人の写真を撮影し、山を下りた町で現像・プリントして写っている人にはもれなく配り、ようやくわずかな評判を勝ち得た。こんどは逆に、こちらがスナップ写真でいこうと提案しても、記念写真だから着替えてくると野良着を盛装に着替えたり、「せっかく砂糖があるのだからチャイも飲んでいけ」とお茶を沸かしてくれたりして、さらに時間が延び延びになり、こちらが暇乞いのタイミングを計りかねるという事態になるときもあった。こちらの都合で聞きたいことだけ聞いて帰る、というのは虫のいい話だ。結局ひとつ家を訪ねると1時間以上そこに座っていることが多くなったのは、人づきあいとしても、こうした調査としてもまっとうなあり方だったのだと思いたい。のちに私がもっと村むらで知られた段階では、「ソイチロがきてほんとにわけわからんことばかり聞いてきた」と、このときのことが笑い話になっていたので、ある程度は迷惑を受け入れてもらえたのではないだろうか。

村びとからみると何をやっているのかよくわからないこんな調査に、よくキプロティッチがつきあってくれたものだと思うと、頭が上がらない。しかも、はじめのうちは村びとから彼への風あたりが強く、先述のように当時は私から直接的な謝礼をもらってもいないので、とても損な役まわりだったはずだ。

K　一連の経験を通して、フィールドワークの調査というものは、とても時間がかかるものだと思った。いっけんわかりきっていることでも、細部にこだわった、ときに意図不明の質問をしていくので、話がもたついて時間がかかってしまう。とくに、年長者に対する聞き取りのときに話が長くなることが多く、聞き手のこちら側と、話し手のあちら側の双方とも興に乗って本筋から脱線するということがあった。

S　しかし、その横道に逸れるのを止めずにそのまま行くのにも意味があるということも、確か話したよね。そういうところから、いろいろなヒントがもらえるから。ありあまるヒントをいただきすぎて、処理できないことが山ほど残っているけど。

K　そうやって時間がかかることは、はじめはこうした調査の短所でしかないと思っていたが、調べて、その結果を写真や録音記録、文章にするというやり方と、人への説明の手順を学べたのは、よかったと思っている。

S　ずいぶん優等生的な発言だ。

K　しかし、ふつうは人にたいして明らかにせず、秘密にしておくことを、こうして調査によって知ったり知られたりするということは、敵を増やすことということだけどね（笑）。

もし、私との調査をやっているうちに、彼自身の村の社会について、これまでみてこなかった角度から知る楽しさを少しでも感じてくれていたなら、私はホッとする。また、このように「役に立ちそうにもない」調査だと知れわたったからこそ、私も村で比較的自由にふるまえたのだとも思う。つまり地域開発プログラムと連動した調査だったり、私が大学院生ではなく大学教授だったりしたなら、もっと村びとたちの期待度は上がって、いろいろの思惑が交錯していたかもしれないし、一緒に歩いているキプロティッチも村びとたちに対してもっと威張っていたかもしれないからだ。

写真 7　最近のキプロティッチと筆者
キプロティッチの弟撮影.

そして、調査はつづく

その後、3回目、4回目と滞在を重ねていくなかで、村びとたちのウシの放牧での共同のあり方、畑仕事での労働交換とそのやり方の歴史的変遷、土地にかんする争いの内容分析などを調査テーマとすることになった。現在は、隣国ケニアに移住していったミシャキ家の息子（私からみると父方オジ）たちの調査を行っており、彼らとのつきあいは10年を超えて続いている。

大学院生のときのように、数カ月も村に滞在することはいまではないが、短期調査と称しておなじエルゴン山の家族のもとに1週間程度の滞在でお邪魔することがある。父母はすこし年をとった。最初の私の思惑どおり、この十年余のあいだに、妹たち3人、弟もひとり結婚し、それにともなうさまざまなイベントや家族内の変化も経験として知ることができた。ほかの弟も妹も、セカンダリー・スクールに進学した。キプロティッチは村で初めての首都の大学生になった（残念ながらのちに中退）。私が大学院生のころにまだごく幼かった村の子どもたちは、私が帰国して後もしばらく、ガイジンをみかけると「ソイチロ！」と声をかけていたらしい。小学生だった村の子どもたちも、いまでは立派な若い父親や母親として一家を営んでいる。とくに女の子の場合は嫁ぎ先で暮らしているので、調査していた村とはまったく別の地域で突然声をかけられ、チャイを飲んで行けといわれるのでびっくりする。

久々にフィールドに向かうときはいつも里帰りのような気分だ。県庁の町から村への崖道をくだってトウモロコシ畑を横切って行くと、めざとい村びとにすぐにみつけられ、村の奥さんからうちに寄っていかないのか、と声をかけられ、腰をかけるとチャイを沸かしてくれる。挨拶だけで素通りできそうにない迫力がある。そうしていると、村のわが家に到達するまでに何度もよび止められ、7杯も8

杯もチャイをごちそうになって、死ぬ思いをする。わが家に着いたときには私はすぐに「おひさしぶり、チャイはいらないから…」と母に頼むことになる。

ある著名なイギリスの社会人類学者は、人類学の調査者に必要な能力は、現地語の取得能力である以上に誰とでも友人になれる能力だ、といっている。そんな能力が自分にあるかどうかはわからない。私が最初にひそかに決めた方針は、現地語を憶えようとする態度を示すことと、出されたものは必ず飲み食いする、ということだけだった。いまでもその方針は変えていない。

2 「鯨捕り」に染まりゆく私

鯨類の行動学的調査への布石

関口雄祐
SEKIGUCHI Yuske

調査初日の大漁ショック

初めての鯨類解剖まで

1996年6月3日、月曜日、晴れ。その日、初めて太地町へ足を踏み入れた（写真1）。水産庁から割りあてられた調査開始日から1日遅れの到着となってしまった。ここで1カ月、調査員として過ごすことになる。調査員経験者の先輩から、この仕事を紹介され、仕事内容もよく把握しないままやってきた。今でも（1996年当時も、2013年現在も）捕鯨船が、体長5～6mになるゴンドウという鯨類を獲っているという話に期待をし、一方、初めての土地、初めての仕事、初めての紀州弁。初めてだらけで、不安いっぱいな学生バイトでもあった。

そんな高揚感と不安がないまぜの私に対して、無理をいって

写真1　ザトウクジラに迎えられて町へ入る

96年当時，太地町への入口は，ザトウクジラのゲートがランドマークだった．現在は，ゲート上部のモニュメントのみが移築されている．

規程の調査開始日を遅らせてもらったからであろうか、水産庁の担当官はどことなく冷たい。しかし、どうやら忙しい一日になりそうな気配は伝わってくる。聞き取るのが難しい漁業無線に耳を澄ましていると、「大きなナブラ（群れ）や」と漁協の職員さんが教えてくれる。関係者への挨拶もそこそこに、仕事（調査）の準備にとりかかる。まずは、個体毎に必要となる各種サンプルケースとタグのナンバリング確認。これは捕獲予想頭数＋αで多めに準備しておく。そして、カメラチェック、ナイフの研ぎ直し、チェンソーの動作確認と続く。

その日の調査メンバーは４人。水産庁職員でこの調査の担当者であるR氏。５月に引き続いて調査を担当するSさん。ピカピカの新米の私。そして、５月担当で私と交替するTさん。R氏以外の３名は、大学院生の学生バイトである。Tさんの調査期間は終了していたが、図らずも〝残業〟をしてくれたため、合計４人。通常は２人体制なので、たまたま４人で調査を進めることができるのは、かなりの幸運である。

ここで、本稿の主役の一方であるゴンドウについて簡単に説明する。○○ゴンドウは、オキゴンドウ、ユメゴンドウなど日本近海種で5種類生息しており、コビレゴンドウ（*Globicephala macrorhynchus*）の南方型であるマゴンドウのことを、太地では「ゴンドウ」とよぶ（以下本稿では、太地における名称ゴンドウを用いる）。沿岸小型捕鯨ではハナゴンドウも捕獲対象種としているが、その位置づけは低く（＝安く）、おもな捕獲対象はマゴンドウであるので、沿岸小型捕鯨の対象種＝ゴンドウとして話を進める。

さて、そうこうしているうちに、捕獲の連絡が入る。すべてが初めての私には、ゴンドウがどんな状態で、どのように運ばれてくるのか見当もつかない。第一陣の帰港予定は、午後5時。まだ、しばらく時間がある。それまでに腹ごしらえを済ませておかねばならない。

午後5時過ぎ、堤防越しに航海灯がみえてくる。ゴンドウとのご対面まであと少し。

調査員という仕事

和歌山県太地町（図1）は紀伊半島南端近くの漁村で、捕鯨の町として有名である。江戸時代の古式捕鯨、明治期以降の近代捕鯨の基地として繁栄し、また、南極捕鯨には多くの人材を供出してきた。そして鯨類を対象とする追い込み漁や突棒《つきんぼ》漁が今も行われている。

この太地で、私が行う調査は「沿岸小型捕鯨業生物調査」で、身分は「水産庁資源管理部遠洋課臨時雇用非常勤職員（調査員）」である。簡単にいうと、漁港で行う捕獲物サンプリング調査の学生バイトである。それでは身もふたもないので、以下に「沿岸小型捕鯨業」と「生物調査」について簡単に説明をしていく。

〝沿岸〟とは、母船式に対する語で、陸上に捕鯨基地（鯨体処理場）をもち、数頭（最大でも、ミンククジラ2頭、マゴンドウで4頭、総重量8トン程度）を捕獲するごとに基地へ帰港する必要がある。また、そのために操業海域が沿岸に制限され、ほとんどの場合、日帰りの漁である。一方の母船式は、捕獲物の処理加工を母船で済ませるので、沖に出たまま（とくに遠洋で）長期間漁を続けることができる。

〝捕鯨業〟とは、捕鯨砲を用いて鯨類を捕獲する漁業を指す。これは水産庁の区分なので、たとえばマゴンドウを捕獲する漁業者には、小型捕鯨業者と追い込み漁業者がいることになる。捕鯨業者と

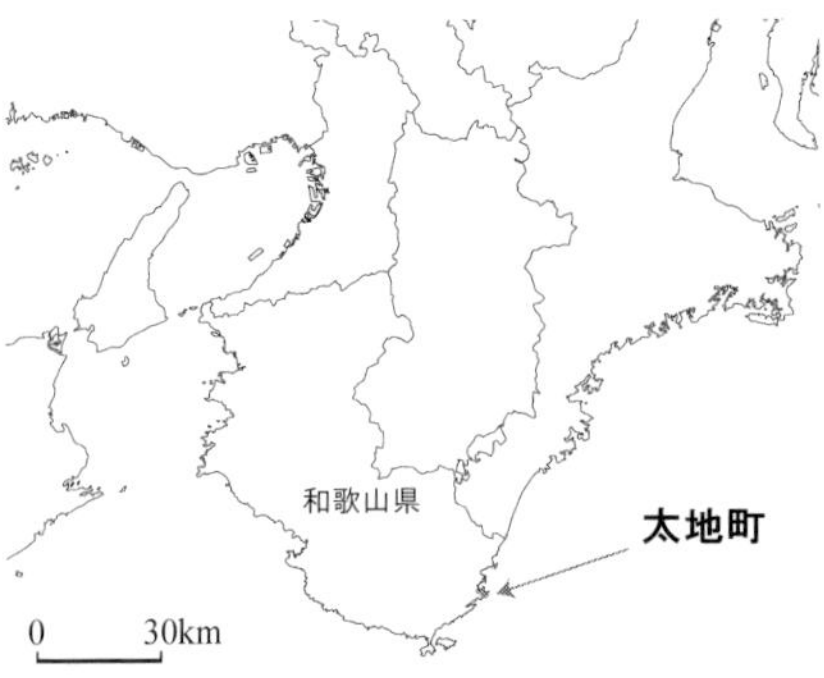

図1　私の調査地，和歌山県太地町

くに捕鯨船の船乗りたちは、漁師は魚を捕り、自分たちは鯨を捕るというプライドをもって自らを「鯨捕り」と称する。太地においては、江戸期より村の収入の大部分が捕鯨によるものだったこと（太地町史より）、そして捕鯨により命を落とした者も多くいて日々、命がけであることも含めて、鯨捕りたちは誇り高い。

捕鯨業のうち、捕鯨砲の口径サイズによって区分したものが〝小型〟の意である（写真2）。すなわち、口径50㎜以下の捕鯨砲を用いる捕鯨業が小型捕鯨で、それ以上の大きさ（75㎜や90㎜）の捕鯨砲を用いる捕鯨業が大型捕鯨である（それゆえ、ミンククジラは75㎜捕鯨砲を使う大型捕鯨としても、50㎜捕鯨砲を使う小型捕鯨としても捕獲される）。なお、水産庁のＷｅｂサイトで国際漁業資源の現況を解説するページ（２０１３年5月17日閲覧　http://kokushi.job.affrc.go.jp/index-2.html）では以下のように記述されている。

「小型捕鯨業においては、（中略）総トン数50トン未満で口径50㎜の捕鯨砲を装備した小型捕鯨船には3～8名の乗組員が乗り込み、おもに距岸約50海里以内で操業している。捕獲個体は許可を受けた鯨体処理場に陸揚げして解体処理する（それまでは鮮度保持以外の処理はしない）。現在許可されている鯨体処理場は、北海道網走、北海道函館、宮城県鮎川（石巻市）、千葉県和田（南房総市）、和歌山県太地の5カ所である（筆者注：おそらく小型捕鯨業＝沿岸操業のため、「沿岸小型捕鯨」を用いず、

写真 2　小型捕鯨船で捕鯨砲を構える砲手
ゴンドウが浮上してから撃ったのでは遅い，浮上のタイミングを先読みし，船の揺れや風向きなども的確に考慮しなければ，発射した銛は，当たっても刺さらないこともしばしばある．

「小型捕鯨」と表記)」。

「生物調査」は、捕獲物からのサンプリングを中心とした①生物調査記録、②操業・捕獲状況調査、③調査個体一覧の作成を行うものである。①生物調査記録では、捕獲個体一頭ごとに、外部形態観察・捕鯨銛記録・写真撮影・性別判定・体長/プロポーション測定・皮脂厚計測・組織(皮・筋肉・肝臓)標本採取・生殖腺測定と採取・胃内容物記録・肋骨および脊椎骨カウント・脊椎骨標本採取・歯式記録・歯の採取を行う。②操業・捕獲状況調査では、調査期間毎日の天候・出漁の有無(帰港時刻)・捕獲の有無を記録する。③調査個体一覧には、捕獲日・捕獲船名・鯨種・体長・捕獲位置・処理時刻などを記録する。②③は、休漁日などに後日調査可能な内容なので、その日に捕獲物がある捕鯨船が帰港し、水揚げを行うときには、①生物調査記録を集中して行うことになる。とくに時間を争うのが、外部形態観察・写真撮影・体長/プロポーション測定といった全身状態で行う必要のある調査項目である(写真3、4)。

写真3　捕獲されてきたゴンドウの生物調査

体長などを計測している．後方では，解剖が始まっている．

さて、「沿岸小型捕鯨業生物調査」。残念ながら〝小型鯨類調査〟ではない。すなわち、調査のために鯨類を捕獲しているのではなく、捕鯨業の捕獲物を調査しているのだ。そこに、漁業（者）と調査（員）との軋轢が生じ、その解決が望まれる。市場関係者を含め、漁業者にとって、鮮度は〝命〟。市場に水揚げされた捕獲物は一刻も早く解剖（捕鯨業界では、解体のことを解剖という）を済ませて、氷漬けにするべき商品なのだ。速やかに解剖を行うために、解剖作業は捕鯨船の乗組員に加えて「解

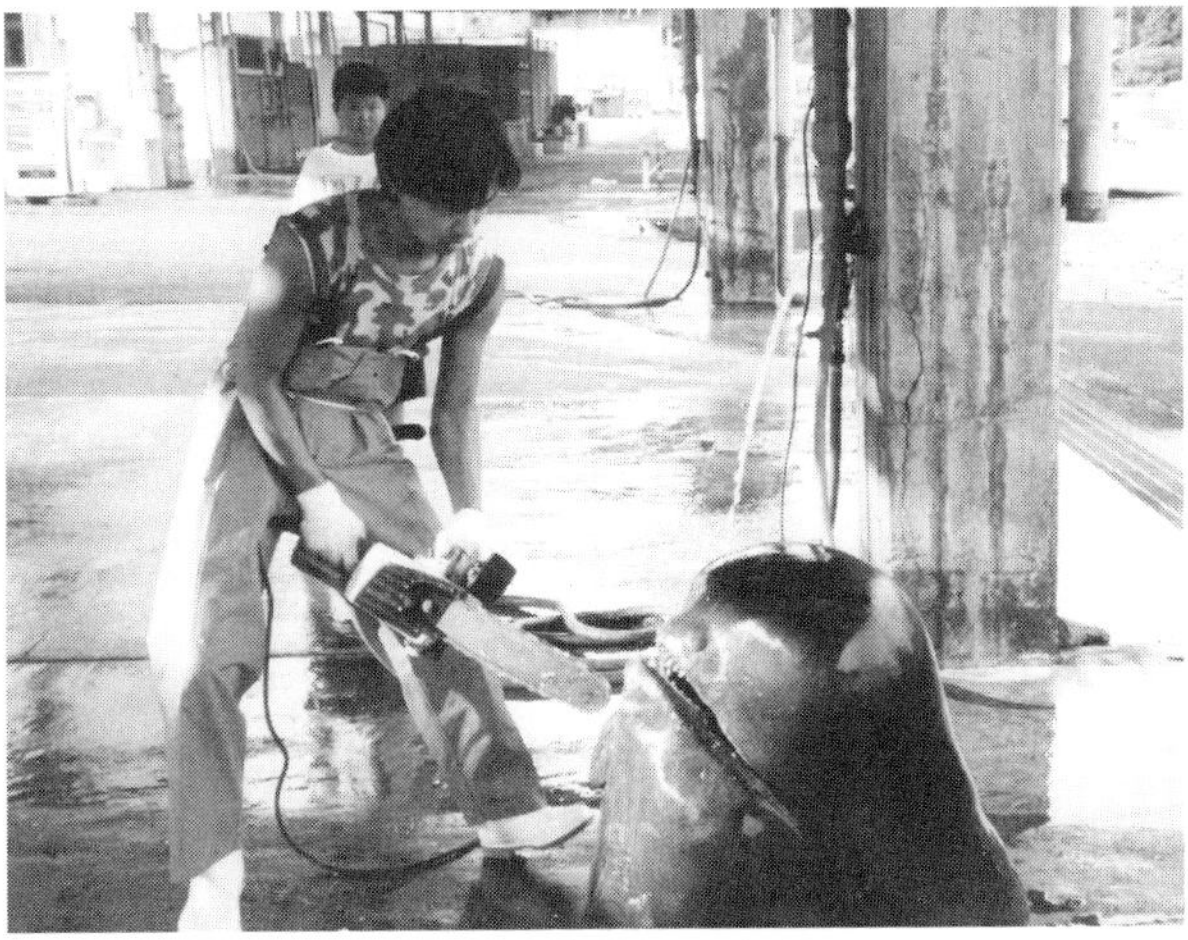

写真 **4**　ゴンドウの解剖
解剖の過程では，まず頭部が切り離される．その頭部からサンプル採取する下顎骨を，チェーンソーを使って切り出す．

写真 **5**　解剖歴の長い一人
荒解剖（大雑把な切り分け）を，この長柄を使って進めていく．

剖さん（写真5）」とよばれる解剖係が2〜6人ほど集まる。解剖の進行を差配する熟練のリーダーは、解剖長とよばれ一目置かれる。ゴンドウの大型個体は、体重2トン体長6ｍ程度にもなる。こんな巨体を相手にしても、20分ほどで、手際よく肉・皮・骨が見事に切り分けれらていく。処理速度にそこまで気を使っているのに、写真撮影や体長測定といった調査項目をゆるゆると行うわけにはいかない。調査項目は決まっており、欠測やミスサンプリングは許されない。いかに素早く、解剖さんに迷惑かけず（トロトロするな！と感じさせないように）に調査を完全に済ませることができるのか、フィールドワーカーとしての意地の見せどころとなる。

作業円滑化のための裏活動

調査対象であるゴンドウには大勢の生活がかかっているのだ、調査のせいで肉の鮮度が落ちる（＝価格低下＝収入減）ということは、極力避けねばならないと考えていたし、私は調査員をやってみれば皆、そのように考えて動くはずだと思い込んでいた。だが、そうではなかったことも後になって知る。幸い、当時の調査パートナーのSさんは、私と同じく調査は〝スムーズな解剖のために素早く〟進めたいという考え方だったので、共同して作業の効率化を考えることができた。しかし、捕鯨にかかわり続けていくなかで、調査員のなかには、調査最優先の姿勢を取り続ける者がいることも知った。

たとえば、巻尺と簡易器材を使っての体長測定で、精度はどこまで必要か。４６７・５㎝なのか４６８㎝なのか４７０㎝なのか。この数字なら、最大でも０・５％程度の誤差である。巻尺を５ｍほども空中を延ばして、高い精度を求めることがそもそも間違いではないか。死んでいるゴンドウが、自ら率先して体をまっすぐに延ばしてくれるわけでもない。巻尺が弛んでいる、計測起点がずれているなどとワイワイやっていると、場合によってはこの計測に3分かけてしまう。たった3分と思ってはいけない。この調子で調査がスタートすると、すべてが押せ押せで進んでいくのだ。20分で済む作業に30分かかるというのは5割増し。鮮度が命と考える解剖さんたちの雰囲気が一気に悪化する。つまり、漁業（者）と調査（員）との軋轢は高まり、感情的な溝は深まる。何もいいことはない。

私は、まったくの素人であった。内臓構造や、骨格構造をまったく理解しないまま、仕事をはじめてしまった。これまた幸いにも、パートナーSさんは獣医出身。空き時間などに丁寧に調査後〝実物〟を使って講義を行ってくれたが、その場では理解できても、右往左往しながらサンプリングを行う調査の現場ではなかなか判断ができず手が動かない、いくら〝スムーズな解剖〟の進行を心がけても実際スムーズにはならない。

そこで方針転換。〝スムーズな解剖〟には、人間関係のスムーズさも必要であることを発見した。その場の雰囲気がよければ、数分の調査も和やかに進行させてもらえるのだ。時間的なスムーズさのために自分の調査技術を磨くのは、調査遂行のための当然の活動である。一方、人間関係のスムーズさには〝裏活動〟が必要だ。調査要項には決して書かれることはないが、調査遂行には調査員各自による裏活動が必要とされる（はずだ）。以下に、いくつか列挙してみる。

- 調査のために間借りしている待合室の整頓清掃
- 鯨捕りたちと同じ釜の飯を食う、風呂もともにする
- 漁協職員との密な連絡
- できることは何でも手伝う（PC関係のトラブル対処、ばんじゅうとよばれる大型小型のプラケースの掃除片づけ、冷凍魚の搬入搬出作業などなど）
- 定置網や棒受漁など捕鯨以外の漁業や、地域の文化・歴史などへの関心

基本は、調査にかかりっきりではなく、「周りのことに興味関心をもっていますよ」ということが鯨捕り、漁師、漁協職員など関係者に伝われば、より多面的なつながりが生まれてくる。たとえば、待合室がキレイなら、人の出入りも多くなるし、「掃除させてすまんね」といってミカンをくれることもある。もらったらお礼をいう。食べたら感想をいう。その漁師が解剖さんであれば、調査の時にでもあらためてお礼をいえる。こういった些細なことで、漁業（者）と調査（員）との溝は埋まっていく。

関係者全員と直接的な関係を築く必要性を述べているのではない。「こいつは○○さんと関係がある（といってもミカンをもらったり、パソコンの話をしたりする程度）」と理解されることが重要だ。それによって、〝仕事の邪魔をしに東京からやってきた調査員〟という「自分たちとは関係のない人間」という枠から解き放たれるのだ。

この〝関係〟の存在が有意義にかつ友好的に機能することを、ジャレド・ダイアモンドは著書『昨日までの世界』で語っている。

「人口数百人規模の伝統的な部族集団では、人が他集団の土地へアクセスするためには、その人がその集団のだれかと個人的な知り合いか、個人的にその集団の誰かにつながる関係にあるか、その集団の誰かに個人的に許しを請うかしなければならない。そして、この関係という概念は数十億人が暮らすわれわれの現代社会では、自分の国の国民であるといった関係や、友好国の市民であるといった関係を含む概念にまで包括範囲が拡げられている」

われわれは初対面の相手から、○○国出身ですと聞いただけで、その○○によって、友好的にも敵対的にも瞬間的に思ってしまうことがある。その人の、人となりをまったく知らないにもかかわらず。

メールなどでは（とくに厄介ごとの依頼の場合）「××さんから紹介を受けました」と関係の上中から始まることも多い。まさに、ゼロからの関係ではありえないことを、関係の存在を使うことで成し遂げようとすることは多々ある。これは、良いとか悪いとかではなく、どんな状況においても人間どうしが関係を築くうえでプラスに機能する要素なのであろう。

「関係」は目的さえ軟化させる

裏活動によって、〝スムーズな解剖〟は、時間的な速さを少々犠牲にしつつも、軋轢や溝を感じることを減少させストレスフリーで進めることが可能になる。調査中の直接の効果としては、調査によって解剖さんを多少待たせてしまっても、すぐに雰囲気が悪くなることはなくなり、さらには、「肝臓、取っといてやっから」「胃は、あそこ置いといたから」とサンプリングの手助けまでしてくれるようになる。これは、感謝するとともに、こうも対応が変わるものかと驚きであった。

そして、関係は関係を生み、小さな町のことだから、こっちの関係とあっちの関係が容易につながることもある。仲よくなった漁協職員と、たまたま知り合った役場職員が、親友だったりする。こういった関係の広がりからは、より得る物は大きくなる。

私がこの調査を引き受け、太地へやってきたのは、大学院の研究テーマにかかわりを持たせられるだろうという魂胆があったからだ。といっても、調査の主体である捕鯨業の捕獲物サンプリングから何か研究をしたいというのではない。当時、私は、鯨類（とくにイルカ）の行動調査を目論んでいた。それには、イルカがいる海へ出なければならない、そのためには船と船頭が必要である。さて、どうするか。

調査対象の変遷～捕獲物から捕獲者へ

解剖調査→乗船調査→捕鯨文化

前述したように、太地における生物調査は仕事（バイト）であり、自分の研究の方向性として乗船調査を行うための基礎づくりの場であった。乗船調査の方法は二つある。

一つは「傭船」。傭船の場合、船は研究専従だから、どこへ向かうも、どの群れを追尾するも自由、しかし、傭船はハイヤーの一日貸切のようなものだから高い。大学院生が自腹で何とかなる研究方法ではない。自腹？と思った読者もおられるかもしれないが、フィールドワークに出る大学院生の旅費の扱いは、研究室によって大きく異なる。交通費滞在費支給の優雅な研究室がある一方で、私の所属した研究室は貧困環境であった。移動はヒッチハイク推奨、研究機材は自作推奨、机椅子などの備品は粗大ごみ置き場から調達があたりまえ。この指導教官の信念は今も昔も「若くて根性があればたいていのことはできる、ガムテープと針金があれば、たいていのものはできる」だ。当時は、東大の院生を羨んだものだが、今となっては貧困ゆえのメリットも多くあったと感じている。たとえば、滞在費を支給されていたら、鯨捕りのご飯に同席することも、一緒に風呂に入ることもなかっただろう。

もう一つは「便乗」。こちらは、漁業活動や航路など本来の仕事がある船に好意（＝基本無料）で乗せてもらって、随時、自分の必要なデータや記録をとることになる。当然、調査の自由は利かない、出港も帰港も、ルートも船長しだい。しかし、野生の鯨群を観察できる機会を逃すわけにはいかない。太地では、秋から追い込み漁が行われることを聞きつけたときは、「これだ！」と喜んだ。

さて、どうやって追い込み漁の漁船に便乗するか。生物調査のために太地に初めて入った6月、その後半は、この問題解決のための情報収集と策を考えた。生物調査の対象であった沿岸小型捕鯨の乗組員と、追い込み漁の乗組員は重複しない。しかし、解剖さんの何人かは、追い込み漁の乗組員らしいことを聞いたので、〝関係〟を最大限生かし、私が追い込み漁に便乗したいことをアピールしてまわった。「来れば乗れるやろ」と安易な返事をくれたオッチャンもいたが、〝乗れる〟という確証なくては、無駄足になってしまうばかりか、研究は進まない。結局、捕鯨船の船長が仲に立って、追い込み漁の船長の一人を紹介してくれた。〝次〟が決まったおかげで、6月の初調査を気分よく終え、10月の追い込み漁の始まりを心待ちにした。

追い込み漁について補足。新聞などでは〝イルカ追い込み漁〟さらには〝イルカ漁〟と書かれることも多いが、太地の人たちは〝追い込み漁〟あるいは単に〝追い込み〟という。これには、何を捕るかということよりも、どうやって捕るか、つまり、漁法としての〝追い込み〟にこだわりがある。追い込み漁によって、ゴンドウやイルカばかりでなく、シャチやマグロを追い込んだ実績もある。そもそも追い込み漁は、鯨を網に追い込んで絡め捕る古式捕鯨の技術的な流れを受け継いだ漁法だとする見方もある。

研究テーマとしての乗船調査

その年（1996年）以降2002年まで、追い込み漁の便乗調査は、2週間程度の現地滞在を毎年1～2回行ってきた（03年以降も毎年訪問しているが頻度回数とも減少）。便乗にあたっては、乗組員の少ない船に乗るように便宜（?）を図ってくれたため、離着岸作業・探鯨・鉄管叩き・解剖などを乗組員のように（もちろん、充分な働きはできなかったであろうが）こなした。

このような甲斐あって、2009年に映画〝The Cove〟が公開されて以降、反捕鯨団体を警戒して閉鎖的になってしまっても、「おまえなら、ええやろ」と便乗を続けさせてもらっている。追い込み漁便乗の様子については、拙著『イルカを食べちゃダメですか？』を参照いただきたいが、じつは私の研究遂行におけるこの乗船調査のウエイトは大きくはなかった。当時、研究テーマを「イルカ類の睡眠行動」としており、行動観察から睡眠に関連した行動を抽出することを目的としていた（これは03年に英語論文「Resting behavior of captive bottlenose dolphins」としてまとめられている）。そのためには、特定のイルカを長時間観察し続ける必要があり、しながわ水族館や南知多ビーチランドで泊まり込みの観察を行っていた。一方、追い込み漁の乗船観察では、発見した鯨類は多くの場合捕獲対象であり、その場合には、なるべく速やかに〝追い込み作業〟を始める必要がある。つまり、ゆっくりのんびりと行動観察している暇はないのである。

それでも乗船調査を続けたのには、いくつか理由がある。研究者としては、①〝追い込み作業〟を始めるといっても、発見からは10分以上かかることもある。その間、短いとはいえ、貴重な野生個体群の観察事例を集めることができる。②発見鯨類が捕獲対象種でない場合、追い込み作業を行わないので、通りすがりに比較的〝素〟な状態の行動観察が可能である。たとえば、一直線に移動中のシワハイルカの大群や、休息状態のコマッコウなどに遭遇した、こんな理由をそれらしくあげることができる。でも、本心は違っていたかもしれない。探鯨や解剖が純粋に仕事として奥深いことに興味を感じ、加えて、乗船調査中はデータ整理や論文といった研究者ならではの煩わしさから解放され、ある意味私にとってのリフレッシュ休暇だったのかもしれない、と今になって思う。

生物調査（１９９６〜２０００年）と乗船調査のために太地に通いつづけるうちに、捕鯨がらみのいろいろな話を聞くようになり、そのなかで古式捕鯨の位置づけに興味をもつようになった。捕鯨史関連の書物では、古式捕鯨と近代捕鯨のそれぞれの説明はあるものの、両者の関連に言及は少ない。しかし、現地（太地）では、古式捕鯨の絵図や勢子船の模型が飾られている家が多く、彼らがかかわっている今の捕鯨と古式捕鯨が断絶しているとは思えない。百人規模の死者行方者を出した明治11年の「大流れ」（大遭難）を〝この前〟と表現する古参の鯨捕りもいる。彼らの祖父らは、大流れ後の散々な状況を体験しているのだ。つまり、彼らは1次情報を直接聞いている立場にある。その彼らにすれば、祖父が捕鯨にかかわり、自分も捕鯨にかかわっているのに、その間に断絶などあるはずがない。これは素直な感覚である。これを理解した私は、文献調査と、とくに40年ほど前に追い込み漁を立ち上げたメンバーへの聞き取り調査を行い、古式捕鯨の技術が、追い込み漁へ繋がっていることを拙著に示した。

ゴンドウ日和の謎を解く

聞き取り調査ともいえないような、日々の雑談の重要性

生物調査を続けるうちに、「ゴンドウ日和」という言葉を聞いた。「きょうは、ええゴンドウ日和や」というように使う。ゴンドウの捕獲がありそう、かなり有望だ、そのような日にこのようなことをいう。はじめは、とくに気にもしていなかった言葉だった。悪天候続きで休漁が続いた後、好天になれば捕獲を願っていうのだろう、と漠然ととらえていた。しかし、どうやらそう単純ではないことに気づく。休漁後の出漁が好天でも〝潮〟が悪い、〝水温が低い〟などと捕獲に不利な要素があると、決してゴンドウ日和とはいわない。また、捕獲が続いていてもゴンドウ日和といわれる日もある。どうやら、「ゴンドウ日和」には定義があるように感じられてきた。すなわち、ゴンドウ捕獲のための好条件が、陸上にいても判断できる程度に決まっているようなのである。

知りたい。となれば、まずは聞き取り調査を実施し、感覚的な「ゴンドウ日和」に隠れた条件設定を抽出していこう。こう書くとそれらしく聞こえるが、実際にはそう簡単にいかなかった。「ゴンド

ウ日和とはどんなものか説明してください」と頼んでもまず無理。こういった事例の困難さは、言語が異なればより困難になるが、言語が同じでも（ともに日本語を話しても）、説明を生業としない者にニュアンスの説明を求めるとまずは嫌がられる、面倒くさがられる。挙句、しつこさを感じられてしまうと「知るか！」といわれてしまっておしまいだ。

ではどうするか。私は、雑談から入る。でも相手は選ぶ。漁師（ここではあえて、鯨捕りも含めて）のなかでも、比較的理論的に話をしてくれる相手を。当然だが、漁師にも漁の上手下手がある。それは、自然を相手に、状況に応じた数々の判断が必要とされるからだ。なかでも要となる判断の一つが漁場選択であろう。正しい漁場選択は、ターゲット（獲物）がそこにいることが第一となる。そのための判断は、決してあてずっぽうではない。天候（天気・気温・風向き）、潮汐、前日までの捕獲の情報、他の漁の情報などから総合的に判断している。実際、情報を理論的に分析し、正しく判断できる〝理論家〟が、多くの水揚げを上げている。私が尊敬する〝理論家〟は、いまでは天気図や海図を使って、丁寧に理論を語ってくれる。しかし、調査の初期は、そこまでの関係もないので、雑談から徐々に切り崩していくしかなかった。

たとえば、こんな感じ。

私　「きょうは、よく晴れましたね〜」

漁師　「ええ日和やで」

私　「こんな日はゴンドウ日和ですか？」

漁師　「ちがうわ」

私　「違いますかぁ。こんなに晴れていてもゴンドウ日和にならないん？」

漁師　「ちがうて、あんまり晴れてはあかんのや」

なるほど。快晴ではゴンドウ日和にならない、どうやら薄曇りくらいがゴンドウ日和には適しているのだろう。そんなあてをつけて、次の会話の機会を待つ。そんなことの繰り返しで、情報を集めていく。

漁師だって情報化——衛星データによる水温変化をモニタリング

実際のところ、ゴンドウ日和はどういうモノなのだろうか。漁師たちの話と乗船調査から判断すると、「高湿曇天（湿度の高い薄曇り）」となる。この高湿曇天の日は、不快指数の高い、汗ばんだ肌に空気がべたっとまとわりつくような感じが朝から続く。こんな日は、座ってデータ処理をしていても、過剰に疲れが増す。そんな疲れを感じつつ、捕鯨船の帰りを待っていると、高い確率で捕獲物があるのだ。

その根拠を〝理論家〟漁師の判断材料となっている、人工衛星ＮＯＡＡによる海面水温分布画像（三重県水産試験場のＷｅｂサイトより２０１３年5月17日閲覧　http://www.mpstpc.pref.mie.lg.jp/SUI/kaikyo/detail.htm）をみながら二つの視点で考えてみる。

第一の視点は、漁場選択だ。捕鯨に限らず漁師にとって、その獲物がいないことには始まらない。的確な漁場を選ぶことが、捕獲への第一歩である。それゆえ、日々の漁場を決定する船長には、とてつもない責任感が漁期を通じて重圧と

写真 6　太地港所属の小型捕鯨船のうちのひとつ
トップに人影が見える．

なってのしかかる。

　魚探（魚群探知機）を用いて深層の魚群を探すこともできる一般漁業に対して、探鯨（写真6、7）は、目視が基本でありすべてである。つまり、獲物が見える範囲に入ってくれなければ、〝逃す〟ことさえできない。探鯨、すなわち鯨を探す目視作業は、必要に応じて双眼鏡を使って行われる。捕鯨船にはトップとよばれる、船全体のバランスからは異常に高く突き出た見張り台があり、鯨捕りたちはそこでトイレの時間以外根気よく探鯨を続ける（食事もトップで済ます）。獲物のいない海を探鯨し続けることは、乗組員にとっては「単調な一日」として済ます程度だが、漁場を決定する船長にとっては、針のむしろだ。帰港後、日報に「発見ナシ」と綴らなければならない船長の重責は、その人にしかわからないだろう。

　さて、ゴンドウはどこにいるのか。ゴンドウは、日々、エサを追って移動している。ゴンドウのおもなエサ生物は、中深層性の中型のイカ類や魚類（ときに1m以上もある名も知らぬ深海魚が胃から発見される）である。これらのエサ生物のエサとなる小型の生物が、黒潮に乗って運ばれてくる。したがって、ゴンドウはエサ探しのために、潮端とよばれる黒潮の縁のあたりで発見されることも多い。この経験則を生かす

写真7　トップで探鯨中の鯨捕りたち
広角の双眼鏡に持ち手をつけたもの（左側の人物）を用いてゴンドウを探す．私にはまったくわからない遠距離のゴンドウを，易々と発見する，歴戦の猛者たちだ．

ならば、黒潮がどこを流れているのか、太地からどの方向の黒潮が近いのか、このような情報が重要になる。そこで、人工衛星からの海面温データが活用される。紀州沖における黒潮（端）の水温は、夏場22～24℃程度であり、これは沿岸水温に比較し2～3℃程度高い。そのため、海面温データから黒潮がどこをどのように流れているのかは一目瞭然となる。船長にとっては、ゴンドウがいる可能性が高い潮端に沿って、船を動かし探鯨することで、発見確率を高くすることができる。長年の経験則を生かすために、リモートセンシングのような技術、そしてそのデータが活用されている（衛星データを誰もがアクセスできるようにしたインターネット社会は素晴らしい！）。

第二の視点は、発見率だ。船長の努力の結果、よい漁場を選べたとする。次には、海中に潜っているゴンドウを発見しなければならない。発見は目視である、呼吸のために海面に上がってくる1秒程度とその名残となる噴気を見つけなければならない。それを船の周囲360度を3～5名で分担し、それぞれ3～4㎞先までの範囲を探鯨していく。周囲一面海、その状態でゴンドウを見つけるには、海面の〝色〟を見ると鯨捕りたちはいう。呼吸のために海面にゴンドウの頭の一部が出るのはわずか1秒。でも、海面下にいてもゴンドウの体色はもっと前から（もっと後も）見える、といっても数秒であるが。それでも、水面上への露出時間に比べたら、海面の色変化を見たほうが数倍の時間使えるということになる。

その海面（正しくは海面下を泳ぐゴンドウ）の〝色〟が見やすい状況は、穏やかな海面、すなわち、風が弱く、さざ波だっていない状態。そして、長い視程のための晴天となる。ただし、晴天は、明るさによる視程のメリットと、太陽方向の海面反射のデメリットのトレードオフが生じる。

以上の、漁場選択と発見率から、ゴンドウ日和は、客観的に推測される。まず、漁場選択において、潮端へ的確に向かわなければならない、しかし、潮端（黒潮の流れは蛇行具合で、太地沖にほぼ接岸しているときもあれば、大蛇行して１００km以上離れてしまうこともある）が遠くては、実質的な探鯨に使える時間が少なくなるので、発見確率が下がる。なので、ゴンドウ日和としては、黒潮が近接して、漁場が近い必要がある、このことは、暖かい黒潮からの湿った空気が太地まで届くということなのだろう。そのため、太地では陸にいても「高湿」な不快指数の高い天候となる。

ゴンドウ日和に「曇天」が必要な理由は、海面反射だ。発見率向上のためには、明るさが必要だが、海面反射は探鯨すべき海面の一定部分を探鯨不能にしてしまう。これをうまく避けるのが薄曇りに近い曇天である。一定の明るさを確保しながら、雲のおかげで海面反射は生じない。

「ツバメが低く飛ぶと雨」などのように経験則には裏づけとなる理論が成り立つことも多い。ゴンドウ日和も理論的な裏付けを示すことができそうである。ただし、その証明には、天候（温度、湿度、雲量）と、黒潮の流れ、そして、ゴンドウ捕獲の実数比較が必要である。

フィールドワークはanytime anywhere

ゴンドウ日和の謎が、解明されてきた。しかし、高湿曇天がゴンドウ日和の充分条件ではないようだ。他にも風向きや、潮汐も関係するらしい。こういった要素をデータ化し、多変量解析することも可能だろう。その結果、たとえば潮汐は関係ないことがわかるかもしれない。

でも、そんなことは鯨捕りには関係ないだろう。多変量解析自体、ヒトが処理した結果であり、ゴンドウ日和は彼らの捕鯨文化がつくり出した結果である。文化は不変ではない。目的達成のために、漁場探しに衛星データを使うように、必要なものは新しいものも取り入れていく。船だって、木製よりはＦＲＰ製がよいし、エンジンはより速いほうがよい。私は、捕鯨における捕獲物である鯨類（ゴンドウ）に興味があって太地での調査を始めたが、鯨捕りたちの生きている捕鯨文化に興味が広がっていった。そのことについては、別著に記したが、世代を超えての人の営みには感じ入るものが多々あった。

本稿の執筆にあたり、フィールドへの「入り方」をあらためて考えていた。私などの生物屋の場合、フィールドワークの目的は、特定の生物種となり、人間側の問題である文化などにはあまり配慮されない。しかし、フィールドとは住民をふくめた地域であり、フィールドワークを行うことが、少なくとも一部の住民の生活や文化に影響を与えてしまうものだと理解できた。そして、このフィールドへの入り方とは、日常生活においての新しい人間関係づくりとなんら基本は変わらないのだと気づいた。ヒトの人生はそれ自体、そのヒトのフィールドを生き抜くことだと考えることができる。ならば、本書、本シリーズは、フィールドワークの入門書と銘打ってあるが、人生に悩むすべての人への参考書となりうるだろう。

参考文献

・熊野太地浦捕鯨史編纂委員会（1965）『熊野太地 鯨に挑む町』平凡社.
・近藤 勲（2001）『日本沿岸捕鯨の興亡』山洋社.
・ジャレド ダイアモンド（訳 倉骨彰）（2013）『昨日までの世界』（上・下巻）日本経済新聞出版社.
・関口雄祐（2010）『イルカを食べちゃダメですか？』光文社.
・太地町史監修委員会（1979）『太地町史』太地町.
・太地五郎作（1937）『熊野太地浦捕鯨乃話』紀州人社.
・中園成生（2001）（改訂版2006）『くじら取りの系譜』長崎新聞新書.
・福本和夫（初版1960）（新装版1993）『日本捕鯨史話』法政大学出版局.
・M. R. フリーマンほか（1989）『くじらの文化人類学』海鳴社.
・Yuske Sekiguchi, Shiro Kohshima (2003) Resting behavior of captive bottlenose dolphins (Tursiops truncates). Physiology & behavior 79, pp.643~653.

3 森の水先案内人

大型類人猿調査と「トラッカー」

竹ノ下 祐二
Takenoshita Yuji

『悪霊』に導かれて

1994年3月のある日、修士の1年目の終わりに、僕は『悪霊』に導かれ、中央アフリカの森を歩いていた。僕をここへ連れてきてくれた京都大学自然人類学研究室（当時）の黒田末寿さんは、今日は体調が悪いと行ってテント場で休んでいる。でもたぶん嘘だ。臆病な僕が黒田さんに頼り切りなのに業を煮やしたのだろう。僕は心細さを必死で隠して、じゃあ今日は一人で行ってきますといってテント場を後にしたのだった。

『悪霊』はふと立ち止まって僕を振り返り、両手を広げて「どこに行くんだ？」という顔をする。僕は片言のリンガラ語で「エシカ・バスンブ（チンパンジーのいるところ）」と答える。『悪霊』は肩をすくめて再び歩き出す。初めてのアフリカ、初めての熱帯林で、どこに行けばチンパンジーに会えるかなんてわからない。地図もない森のなか、GPSもまだ普及していない時代、コンパスと万歩計を頼りに歩いているが、すでに僕は自分の居場所とテント場の位置関係もわからなくなっている。黒田さんもいないし、僕にできるのはただ『悪霊』の導きにしたがうことだけだ。

『悪霊』は頼りない僕に見切りをつけ、林床を見まわしたり樹上を眺めたり耳を澄ませながら、ずんずん歩く。なかなかチンパンジーには会えない。『悪霊』は次第にイライラした様子で、歩みも早くなる。僕は必死でついて行くのだが、バセレ（*Haumania dankelmaniana*：クズウコン科のつる性草本）のトゲが服にひっかかったり、顔からクモの巣につっこんだりして遅れがちになる。そのたびに『悪霊』は振り返ってため息をつく。

突然、『悪霊』はびっくりしたように立ち止まって僕を見た。明らかに違う表情に、僕はチンパンジーを見つけたのかと期待を膨らませた。が、違った。現地語で「悪霊」を意味するンドキという名のトラッカーは、さっきまでとは打って変わってうろたえた顔をして、「ここはさっき通った場所だ！わけがわからない、道に迷った」と叫んだのだ。

パニックを起こしたンドキは、乱暴に山刀であちこちを切りながらやみくもに歩く。だが、なぜだかすぐに元の場所に戻ってしまうのだ。僕はコンパスを手に歩くが、彼はまっすぐ進んでいるつもりなのにすぐに右に曲がってしまい、ぐるぐると同じところを歩く。曲がってるよ、と伝えたいのだが、僕のリンガラ語ではコンパスの説明ができないし、そもそもアフリカの熱帯林でコンパスが絶対的に信頼できるのかもわからない。それに第一、ンドキは僕のいうことなどに耳をかさない。何度目かに同じところに出たところで、ンドキは疲れ果てたようにいった。「これは悪霊（ンドキ）のせいだ！」そして、来た道を慎重にたどって、やっとのことでテント場に帰り着いたのだった。

数日後、黒田さんも一緒に森を歩いていると、急にンドキが笑い出した。「ここはこないだ迷ったところだ！ほら、ナタ目がある。あーあー、あそこをぐるぐると回って、ここに戻ってきてしまったんだ！」そして僕を見て「やっぱりあれは『悪霊』のせいだよ。でなければこんな簡単なところで迷ったりするものか」と大笑いした。

大型類人猿調査とトラッカー

僕は1994年以来、中部アフリカの熱帯林で大型類人猿の野外調査に従事している。現在のフィールドは赤道直下の国、ガボンのムカラバ・ドゥドゥ国立公園だ（図1）。ここにはチンパンジーとゴリラという2種の大型類人猿が同所的に生息している（写真1、2）。かれらの生態を比較し、その差異と共通性、そして共存のメカニズムを探ることで、初期人類と大型類人猿の共通祖先からの種分化や、ヒト属が出現した更新世（約250〜1万年前）における、複数の人類の共存と共進化の過程を類推するのがおもな目的だ。

大型類人猿に限らず、野生の霊長類の生態や行動の調査において最も一般的な方法は、森を歩いてかれらを探し、追跡しながら直接観察するというものだ。しかし、大型類人猿を直接観察するのには多大な困難がある。まず、森を歩いて類人猿を見つけなくてはならない。だが、大型類人猿は一般に生息密度が低い。1km²あたり1頭もいれば御の字だ。また、かれらの遊動域は熱帯林で20〜30km²、乾燥地では数百km²と広大だ。広いエリアに少ししかいない彼らを見つけるには、森に残されたわずかな痕跡や声などを手がかりに、五感を駆使して探しまわる必要がある。さらに、彼らは黒くて目立たないので、実際に見つけるのも大変だ。

見つけてからも大変だ。大型類人猿は樹上と地上の両方を立体的に使い、人間よりもはるかにすばやく移動する。それを追い

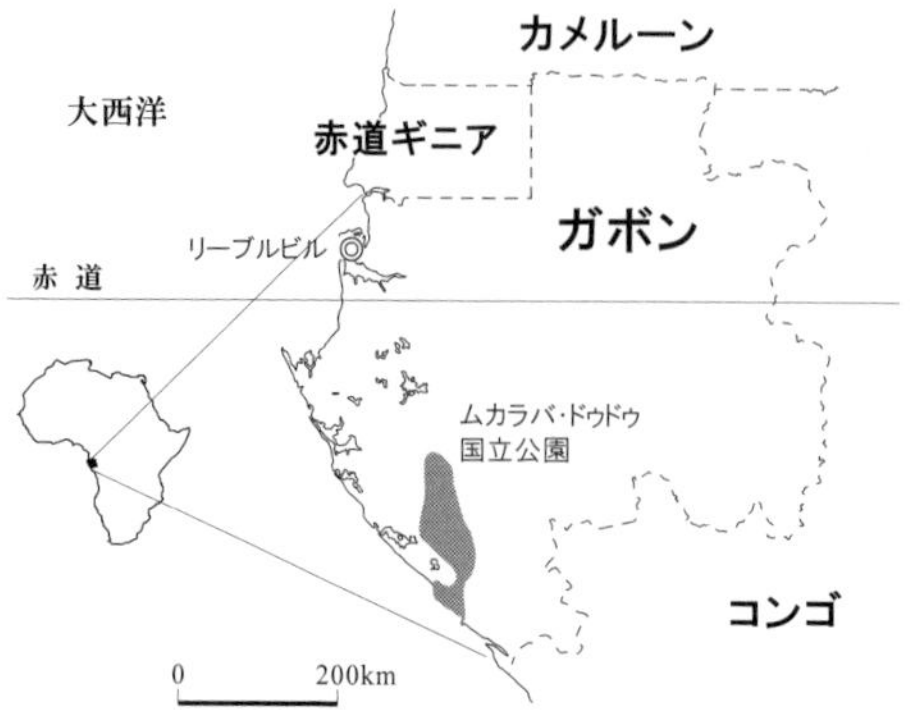

図1　私の調査地，ガボンのムカラバドゥドゥ国立公園

かけねばならない。まっすぐ追いかけようとしてもうまくゆかない。チンパンジーが通れても人間が通れないところがいっぱいある。迂回したり、藪を切ったりしているうちに彼らは見えなくなってしまう。そうしたら、また痕跡探しからやり直しだ。また、類人猿がそこにいるとわかっていても、藪などにさえぎられてよく見えないことが多い。よく見える場所を探す必要がある。

そこで、大型類人猿の野外調査では、現地に暮らす、森歩きに長けている人を雇って、彼らに探索や追跡を手助けしてもらうのが一般的だ。ありていにいえば調査助手なのだが、類人猿研究の世界ではかれらを「トラッカー」とよぶ。トラッカーは単なる助手以上の存在だ。彼らの能力、やる気、そ

写真 1　チンパンジー

チンパンジーには 4 つの亜種がいるが，中部アフリカに生息する中央チンパンジー（*Pan troglodytes troglodytes*）は人づけが難しく，いまだ長期継続調査のできるフィールドがない．

写真 2　ジャンティ・グループのゴリラ

して調査者と彼らとの関係のあり方が、調査の首尾不首尾を大きく左右する。本章では、そんなトラッカーについて記したい。

長期調査地をたちあげる

本題に入る前に、大型類人猿の調査体制というものを若干説明しておこう。大型類人猿の調査は二重の意味で時間がかかる。まず、1回のフィールドワークに長い時間がかかる。研究目的にもよるが、社会行動や生態に関する、分析に値するひとまとまりのデータは、数カ月から数年かけないと収集できない。だから、僕が院生の頃は、調査に行く者は下宿を引き払い、研究室の机も片づけ、1年とか2年間出かけていったものだった。そのため、同じ研究室なのにいつもすれ違いで、数年に1度しか会わないという人もいたりした。一つの調査地は、いろんな人が引き継ぎながら長期間継続して調査を行う。寿命の長い大型類人猿の社会や生態を解明するためには、そうして一つの場所で縦断的にデータをとり続けることが不可欠である。これまで、日本人の類人猿研究者はアフリカ諸国にいくつもの長期調査地を確立し、研究を続けてきた。タンザニアのマハレ(チンパンジー)、ウガンダのカリンズ(チンパンジー)、コンゴ民主共和国のワンバ（ボノボ)、カフジビエガ（ゴリラ)、ギニアのボッソウ（チンパンジー）など。

ムカラバ

ガボンのムカラバもそんな長期調査地の一つだ。といっても、最初に調査に入ってからまだ14年、比較的新しいほうだ。1999年当時、右に述べたようにすでに日本人研究者による長期調査地は多数確立されていたが、内戦中で入れなかったコンゴ民主共和国のカフジ・ビエガ国立公園を除いて、そこには大型類人猿は1種しかいなかった。だが、チンパンジーとゴリラの生息域は中部アフリカで大きく重複している。野生チンパンジーとゴリラの大多数は、同所的に生息しているのだ。僕は彼らの種間比較や種間関係を知りたかったので、中央アフリカのザンガ＝サンガ保護区、コンゴのヌアバレ＝ンドキ国立公園、ガボンのプチロアンゴ保護区などを放浪したあげく、ムカラバにたどり着いたのだった。

最初のフィールドワークに誰といくか

いささか余談めくが、「フィールドの入り方」に関係するので記しておきたいことがある。初めて大型類人猿の調査にゆく学生は、単身のりこんだり、大勢でチームを組んで出かけたりはあまりしない。歴史ある調査地であったとしても、最初の調査は先生か先輩ひとりに連れて行ってもらう、というスタイルが多い。僕は中央アフリカには黒田さん、コンゴには西原智明さん（現ＪＷＣＳ）、ガボンのプチロアンゴには鈴木滋さん（現 龍谷大学）に、連れて行ってもらった。一子相伝とまではゆかないが、こうして先生や先輩と少人数で、森の生活をともにしながら、アフリカの森や人びととのかかわり方を学んでゆく。もっとも、先達はあまり「おしえて」はくれない。積極的な教育はヒト以外の霊長類にはほとんど見られない行動だが、霊長類学者も同様である。だから背中をみて学ぶ。

最初に誰と行くかは、研究人生においてきわめて重要なことだと思う。といっても、連れて行ってくれた人に似るというわけではない。おもしろいことに、僕をアフリカに導いてくれた3人の調査スタイルは見事に三者三様で、それぞれに個性的だった。そして僕は今や自分が後輩を連れて行く立場になったが、僕自身もまた、３人の先達の誰にも似ていないと思う。結局、ひとりひとりが自分のやり方を身につけてゆくのだ。

テント2つからステーションまで

ムカラバに話を戻そう。最初の調査は1999年4月だった。日本からスーツケースに詰めて持ち込んだのはテント2つとブルーシート、それにフィールドノート、双眼鏡、カメラ。テント2つは自分用とトラッカー用である。それに、地方都市で鍋釜と食器、食料、ランプと灯油、ウイスキーを買って、森林省の駐在所へ行く。

駐在所長さんの紹介で2人のトラッカーを日給3500CFA（日本円で700円くらい）で雇い、駐在所の車で国立公園のなかに連れて行ってもらった。適当なところで下ろしてもらい、7日後に迎えに来てもらうことにした。ちなみに、ムカラバに来てみたのは、プチロアンゴで調査をしていたときに、地元の人が「ここはゾウばっかりだけど、ムカラバにいけばゴリラがうようよしていて、毎日会えるよ」といっていたから、という、今にして思えばなんともいいかげんな理由だった。

これが大当たりだった。7日間、適当に歩いただけなのに毎日ゴリラに遭遇した。チンパンジーも見た。生まれて初めて野生のマンドリルも見た。さっそく日本に帰って皆に報告した。いろんな研究者が入れ替わり短期調査をしたのち、2002年から京都大学の山極さんをヘッドに、ムカラバで長期継続調査をする体制を整えることになった。岡安直比さん（現WWFジャパン）によっ

写真3　ブチアナ・キャンプ

てしっかりとしたキャンプサイトがつくられた（写真3、4）。2003年から安藤智恵子さん（京都大学）によってゴリラの人づけ（観察者の存在に馴れてもらうこと）が始まった。2006年にはジャンティ・グループというゴリラの群れの人づけに成功し、やがて大学院生を含む多くの日本人研究者が訪れるようになった。同時に、ガボン人の研究者との連携も深め、今では日本とガボンの研究者によって、大型類人猿だけでなく、動植物、微生物など、森林の生物多様性を総合的に研究するフィールドとなった。

写真4　ムカラバ初期のテント場
ブチアナ・キャンプとは雲泥の差だ.

森の水先案内人

さて、トラッカーである。僕が『悪霊』と歩いた中央アフリカのザンガ＝サンガ保護区では、後にアメリカ人研究グループによるゴリラの研究プロジェクトが行われた。その様子がナショナルジオグラフィック誌に紹介され、同誌の日本版にも掲載されることになったというので、僕は日本版の編集部から翻訳のチェックを依頼された。そのとき、僕が受け取った最初の訳文原稿には、トラッカーが「追尾者」と訳されていた。

たしかに、字義通りに考えればトラッカー（tracker）は追尾（track）する人という意味だが、彼らの役回りは追尾するだけではない。痕跡を探したり、観察の補助をしたり、ゴリラやチンパンジーが食べている食物の名前を研究者に教えたり、研究者の両手両足、五感の助け、図鑑の代わりをするのがトラッカーだ。僕はなかなかいい訳語を思いつかなかったが、とにかく「追尾者」には大いに違和感があった。悩んだ末、最終的にカタカナの「トラッカー」に直し、編集部にこんな内容の手紙を書いた。

「トラッカー」は直訳すれば『追尾者』ですが、彼らの仕事はゴリラを追尾するだけではありません。森歩きの先導をする、いわば森の水先案内人です。」

「森の水先案内人」は編集部の方には気に入ってもらえて、最終的には「トラッカー（森の水先案内人）」という表記になった。じつをいうとこれは僕のオリジナルではなく、先輩の誰かから聞いたような気がするのだが、それがいつ、誰から聞いたのか思い出せない。

トラッカーとの森歩きはこんな感じだ。朝、2人でキャンプを出かける。『悪霊』と歩いた駆け出しのころとは違い、僕も今ではちゃんと指示を出す。といっても、「今日はキャンプの北のほうを歩いてみよっか」程度で、昔と大して変わらない。

歩きながら、トラッカーはほとんど話さない。類人猿の痕跡を見つけても、無言でそれを指さすだけだ。僕も無言で検分し、また歩き出す。やがてチンパンジーの声が聞こえると、やはり無言でそちらへ向かう。向かうといっても、必ずしも声のした方向にまっすぐ向かうのではない。ときには声と全然違う方向に歩き出すこともある。それでも僕はトラッカーの後を追う。彼が声を聞き逃したり、方向を間違えているわけではなく、土地勘にもとづいて歩きやすいルートを選んでいるとわかっているからだ。かくして、朝方「北を歩いてみよっか」といっただけで、首尾良くチンパンジーに出会えるというわけだ。

こういう研究者とトラッカーの関係は、まさに船頭と水先案内人の関係になぞらえることができる。船頭は船の責任者で、行く先を決め、舵を操る。水先案内人は舳先に立って、障害物や水の流れを確認しつつ、船頭に具体的にどう進めばよいか指示をする。船頭が水先案内人のいうことを聞かなかったら、船はたちまち岩にぶつかってひっくり返ってしまう。一方、水先案内人は勝手に行き先を決めるのではなく、あくまで船頭の行きたいところにゆくために水を読んでいるのだ。どちらかが船の主導権を握っているわけではなく、2人が呼吸を合わせて船をあやつるのだ。そして船頭と水先案内人も、船の上であまり会話をしない。信頼が言葉の代わりだ。

「森の民」との暮らし

冒頭のンドキさん（いまでは「さん」づけでよんでいる）もそうだが、中央アフリカとコンゴでは、僕たちはピグミー系狩猟採集民の人をトラッカーとして雇っていた（写真5）。彼らとのキャンプ生活は、ほんとうに得がたい体験だった。「森の民」とよばれるにふさわしく、彼らは自分が初めて歩く森であっても、地図やコンパスにいっさい頼らなくても、けっして迷うことなく森のなかを縦横無尽に歩きまわれるのだ。『悪霊』に悪さをされなければ、だが。

あちらこちらを歩きまわってチンパンジーに出会い、追跡する。夕方になってさあ帰ろうというとき、そこがどこであっても、彼らは正確にキャンプの方向に歩き出すのだ。いったいどうやって場所や方位を読んでいるのか、彼らに聞いてみるのだが、たいていの場合、何を尋ねられているのかわからないという感じで、「そうだねえ、木々の見え方とかかな」という曖昧な返事しか得られない。でもたしかに、一緒に歩いていると、木々の見え方や、晴れた日は太陽の位置などで方向をつかんでいるようにみえるときがある。だから、太陽が真上に来る正午ごろは、少し彼らの方向感覚も鈍るようだ。ンドキさんが『悪霊』にやられたのも11時半頃だった。

写真5　"悪霊"ことンドキさん
つきあいは短かったが，僕にとって最初のトラッカーである．

彼らは基本的に森のことはなんでも知っていた。すべての植物に名前がついていて、果実をつける時期はいつか、どんな動物が食べるかなど、尋ねればすらすらと教えてくれた。歩くのも速く、ゴリラやチンパンジーの声や気配を察知したら、あっという間にそこへ向かう。いま目の前にいた人が、ぴゅっ、と風切り音をたてんばかりに藪のなかに消えてゆく。後を追いかけようとしても、僕にはその藪は通り抜けられない。忍術でも使っているとしか思えなかった。

彼らに森での暮らしの話を聞くのも楽しかった。トラッカーどうしで何か身振りをしているなと思って尋ねてみたら、彼らには動物を表す身振りというのがあるのだった。たとえば人差し指と中指をまっすぐのばして眉毛にあてるとゴリラ。でっぱった眉上隆起のまねだ。手の甲を鼻にあてて人差し指を伸ばすのはゾウの鼻のまね。人差し指を立てて腕を上に伸ばしてくるくる回すのはサルのしっぽのまね。さっそく僕も使ってみた。

彼らは必ずしも勤勉とはいえなかった。今思い返しても、彼らが一生懸命働いていたかどうかよくわからない。森を歩いて類人猿を探すなど、僕にはハードワークでも、彼らには簡単で、むしろ退屈な仕事だったのかもしれない。森で蜂蜜をみつけると、もう仕事にならなかった。何がなんでも蜂蜜をとりたい、といって聞かない。さっきチンパンジーの声を聞いたから、今日はそっちを優先して明日にしよう、といえばしぶしぶ従ってくれるのだが、もううわの空だ。結局あきらめて蜂蜜とりをしてもらうことになる。嬉々として木に登ってミツバチをいぶり出し、蜂蜜をとってンゴンゴ（*Megaphrinium* というクズウコン科の草本の葉。大きくて物を包むのに適している）にありったけつつんでにって帰る。ちゃっかり僕もご相伴にあずかったが、あのとき森で食べた蜂蜜は、今でも人生最高の美味だったと思っている。

「信じることよ。あなたと、あなたのトラッカーが」

ムカラバの周辺にはピグミー系狩猟採集民が住んでいないので、最も近いドゥサラ村に暮らすバンツー系農耕民の人たちをトラッカーとして雇っている。欧米の研究チームのなかには、ピグミー系狩猟採集民の能力を求めて、わざわざ遠くから連れてくることもあるようだ。だが、僕たちはそこに住む人が誰であれ、調査は地元の人と一緒にやることにしている。

ムカラバでゴリラの人づけに着手しようというころ、ドイツのライプチヒでニシローランドゴリラの保護に関する国際会議に参加する機会があった。会議には、当時コンゴでゴリラの人づけに成功していたポルトガル人研究者のマグダリーナ・ベルメホさんが来ていた。そこで、僕は彼女に「ゴリラを人づけするコツはなんですか」と尋ねてみた。すると、返ってきたのはこんな言葉だった。

「まず、必ず人づけできるとあなたが信じることよ。そして、それに劣らず大切なのが、あなたのトラッカーにも、それを信じてもらうこと。もしかしたら、自分が信じることより、彼らに信じてもらうことのほうが大変かもしれない。けれど、あなたならきっとできるわ。だってあなたは日本人だもの。〝日本人の霊長類学者〟には、そういう能力があるの。地元の人のなかに入っていく能力がね」

本音をいうと、僕はそんな精神論を聞きたいわけではなくて、もっと実際的な、たとえばゴリラに出会ったときにどういう態度をとると彼らが怖がらないか、というようなことを聞きたかったのだ。しかし、僕の質問に、間髪入れず、それがすべてよという感じでいわれてしまうと、満足するほかなかった。僕はマグダリーナさんの言葉をそっくりそのまま安藤さんに伝え、安藤さんはそれをそっくりそのまま実践して、人づけに成功したのだ。農耕民のトラッカーを使ってゴリラの人づけに成功したのはムカラバだけである。

それはほんとうにトラッカーとの共同作業だった。毎晩、キャンプで夕食後に「エコール（学校）」と称するミーティングを行う。トラッカーと研究者が車座に座って、みんなで今日の調査を振り返り、ゴリラの遊動について議論し、明日の調査予定を決める（写真6）。まるで大学院のゼミさながらに、それぞれが立場を越えて自分の意見を言い合い、全員の合意にもとづいて調査をする。彼らの森を歩く能力だけを客観的に評価するならば、経験を積んだ今でも「森の民」にはとうてい及ばない。しかし、このように一緒に考え、人づけという共通のゴールを信じることで、彼らは農耕民という「ハンディ」を克服したのだ。マグダリーナさんは正しかった。

雇用関係という現実

ここまで読んだ読者のなかには、とくに同業者には、僕がトラッカーをあまりに美化していると感じる人がいるかもしれない。それはその通りだ。実際の研究者とトラッカーの関係はこんな美しいものばかりではない。

何より、彼らは雇われの身だ。働く目的の第一は給料である。無休で働きますという人はいないし、同じ給料なら楽な仕事のほうがいい。帰りが遅くなったり遠くまで歩いたときには手当が欲しい、そもそももっと給料が欲しい。折に触れて給料をめぐる要望、要求がなされる。反対に、前の晩に村で飲み過ぎて昼前に出勤してきたり、手抜きしてやるべき作

写真6　ムカラバの調査の初期のころ
トラッカーたちと一緒にゴリラの糞分析をしているところ.
お互いの知識と経験を寄せ合って調査をしていた.

業をさぼったり、親戚に不幸があったといって休んだがそれが嘘だったと後で判明する、などということがあると、こっちも黙っていられない。今日は給料なし、といったりする。そうなるとけんか腰の交渉だ。ときにはそれで調査日が1日つぶれることもある。森でのあの一体感はどこへ行ったのか、と思うほど辛辣な言葉を浴びせられたりすることもあり、そういうときは人間不信になることさえある。

頻繁な「おねだり」も煩わしいことのひとつだ。「日本から腕時計を買ってきてくれ」「そのLEDのヘッドランプはすごくいいから、帰国するとき僕にちょうだい」などなど。ひとつひとつはたいしたことではないのだが、一人のリクエストに応えると、全員が同じリクエストをするようになる。ほかの村人の分まで頼んできたりする。近頃は「DVDプレーヤーがほしい」「洗濯機がほしい」「ソーラーパネルがほしい」「スマホがほしい」などという、昔は考えられなかったようなリクエストもある。

借金や給料の前借り、経済的援助の要求も日常茶飯事だ。親族が結婚したりお葬式があったりすると、給料とりであるトラッカーは親族からそれなりの貢献を求められる。また、子どもや妻が病気になって街の病院に連れて行くために車を借りたり、入院代や手術代が急に必要になったりする。日頃から計画的に貯金などしていればいいのだが、なかなかそうもゆかず、突然の物入りがあるたびにお金の無心にくる。だがおいそれと貸したりあげたりはできない。だから交渉は長引く。朝にこれをやられると、出かけるのが遅れて調査に支障がでる。あー、一人で調査したいなあ、と嘆くこともある。

個人的つきあいから組織的つきあいへ

そうはいっても、やはりトラッカーとの仕事は、単なる雇用関係を越えた、ある種の信頼関係なしには成立しない。これまで述べたように、トラッカーには研究者の五感の手助けをしてもらうのだ。だから、その気になってもらわないと困る。トラッカーをその気にさせる一番の方法は、なんといっても好かれることだ。こいつのためにひと肌脱ごう、と意気に感じてもらえると、調査もうまくゆく。そんな人にはこちらもヘッドランプくらい買ってきてあげようというものだ。

しかし、そういう個人的な信頼関係に依拠した調査は、年々やりにくくなってきている。その最大の理由は、調査地が成熟し、研究者も増え、雇う人も増えたことだ(写真7)。一人一人と濃密に接することが減ってくる。研究テーマによっては、五感の手助けなどではなく、指示どおりのルーチーンワークをこなすような人が望ましいこともある。若手の研究者には、トラッカーたちが相手によって仕事の質を変えるのが許せないという者もいる。たしかに日本なら、上司とウマが合わないから仕事をさぼるなどというのは社会人失格だ。一方で、トラッカーの側も、若造が森のことも知らないのに「水先案内人」である自分のいうことを聞

写真 7　2008 年ごろに撮影した集合写真

トラッカーだけでなく，キャンプキーパーや雑用の日雇い人夫もいる．今ではさらに大所帯になっている．鈴木 滋撮影．

かずに威張る、といって怒ったりする。雇う人が増えると、はじめからやる気や能力に乏しい人もでてくる。

ムカラバではこのごろトラッカーという言葉を使うのをやめ、「調査助手」とか「労働者」とよぶようになった。そして、労働者の職務規程をきちんと整備し、同時に、個々の研究者が彼らとどう接するかについてもマニュアル化してゆこうという感じになってきた。ムカラバが調査地として確立し、多くの研究者がさまざまなテーマで調査ができるようになってゆくにつれて、いままでのような個人的なつきあいに頼るのではなく、組織的なつきあいに移行してゆくのは避けられないし、またそうあるべきなのだろう。それはわかっている。わかってはいるが、古き良き時代の末端にいる僕にとって、それは少しばかり寂しいことだ。

前回の調査のとき、雇用条件をめぐる長い長い団体交渉のあとで、ペレという最古参のトラッカーが僕にこういった。「昔は、タケはタケ、ペレはペレ、トワ・エ・モワ（おまえとおれ）がすべてだったのに、なんでこんなにややこしくなっちゃったんだよ？」

参考文献

・Ando, C., Iwata, Y. & Yamagiwa, J. (2008) Progress of Habituation of Western Lowland Gorillas and Their Reaction to Observers in Moukalaba-Doudou National Park, Gabon. *African Study Monographs. Supplementary Issue* 39: pp.55~69.
・Jenkins, Mark (2008) ゴリラの家庭学、「ナショナルジオグラフィック日本版」14-2: pp.80~97.
・竹ノ下祐二（２００４）ガボン、ムカラバ＝ドゥドゥ国立公園の類人猿の調査と保護の現状、「霊長類研究」20-1, pp.71~72.

Part II

極地フィールドワークとの出会い

そのロマンとサバイバル

極地フィールドは厳しいが故、人を魅了するロマンがある。▼馴染みの調査地が次々と政情不安に陥り、新フィールドを開拓することになった福井。90代前半から外国人に開放されだしたロシア国境地帯に向かい、文化の異なるカウンターパート、ロシア人との共同調査もキャンプ生活を共にしうまく進んだ。▼極地観測はサバイバル技術にたけた人しか行けないと思っていた的場。ある探検家と出会い、グリーンランドで犬ソリに乗ろうと誘われ出向く。限られた資金で極寒の調査途中で犬を失ったり腰を痛め辛い経験が、一転して極地フィールドワーカーの始まりに。▼少年の頃より出身地・富山から南極に思いを馳せていた澤柿。探検・冒険ものを読みあさり進路を考え、着実に夢を現実にしていく。その軌跡を辿る読者も、夢に向かう熱意と現実性に勇気をもらうだろう。

4 新たな調査地への挑戦

ロシア・アルタイの素晴らしい自然との出会い

福井幸太郎
FUKUI Kotaro

政情不安で調査地に入れない！

東京都立大（現・首都大学東京）の博士課程の学生だった２０００〜２００３年にかけて、私が氷河や永久凍土の調査地にしていた国々が大変なことになっていた。

ひとつはアルゼンチン。南極半島とパタゴニア最南端のフェゴ島では、全面を岩石に覆われ氷河に似た形をした〝岩石氷河〟とよばれる地形の形成プロセスを解明する研究を、北海道大学低温科学研究所の曽根敏雄博士とともに行っていた。フィールドに入るために、アルゼンチン南極研究所や国立コルドバ大学などアルゼンチンの研究者にカウンターパートになってもらっていたのであるが、そのアルゼンチンが２００１年12月〜２００２年４月にかけて経済破綻し、デフォルト（債務不履行）に陥ってしまったのである。銀行預金の引き出し額上限が１カ月２５０ドルに制限され、首都ブエノスアイレスでは、鍋やフライパンを叩きながら群衆が大統領府に押し寄せ、フロリダ通り（日本でいえば銀座？）のような外国人観光客が多く治安がよかった場所でも店舗が略奪・放火されるなど、とんでもない状況に陥っていた（その様子は日本でも連日報道されていた）。日本からカウンターパートにメールで連絡をとったところ、「生活がとてもとても大変だ！　南極での共同研究を再開できる目処は立っていない」と返事がきた。

　もうひとつのフィールドは、ネパール・ヒマラヤ。標高５０００ｍ以上の地域に分布する山岳永久凍土が、近年の温暖化でどのように変化しているのか解明する調査を行っていた。ところが、そのネパールが１９９６年からマオイスト（ネパール共産党毛沢東主義派）と政府軍による内戦状態に陥ってしまい、首都カトマンズでは、バンダとよばれるゼネストが頻発していた。メインの調査地であるエベレスト街道沿いのクンブ地方でも、夜間外出禁止令が発令、エベレスト街道の玄関口で多くのトレッカーが利用するルクラ空港の管制塔がマオイストによって焼き打ちにあうなど、こちらも研究を行える状況ではなくなってしまった。

　さて、困った。２００３年春、国内のフィールドである立山連峰での山岳永久凍土の形成プロセスに関する研究で博士課程をなんとか修了し、国立極地研究所に日本学術振興会特別研究員として赴任した私は、このような事情によって新たな海外調査地を開拓する必要に迫られた。

　そこで目をつけたのが、ロシア・アルタイ山脈。ロシア・中国・モンゴル・カザフスタンの国境地帯に位置するため、長い間、研究者の立ち入りが制限されていたが、１９９０年代前半に外国人に開放された。１９９０年代後半になると日本の雪氷学者も入りはじめ、一部の氷河ではコア（氷

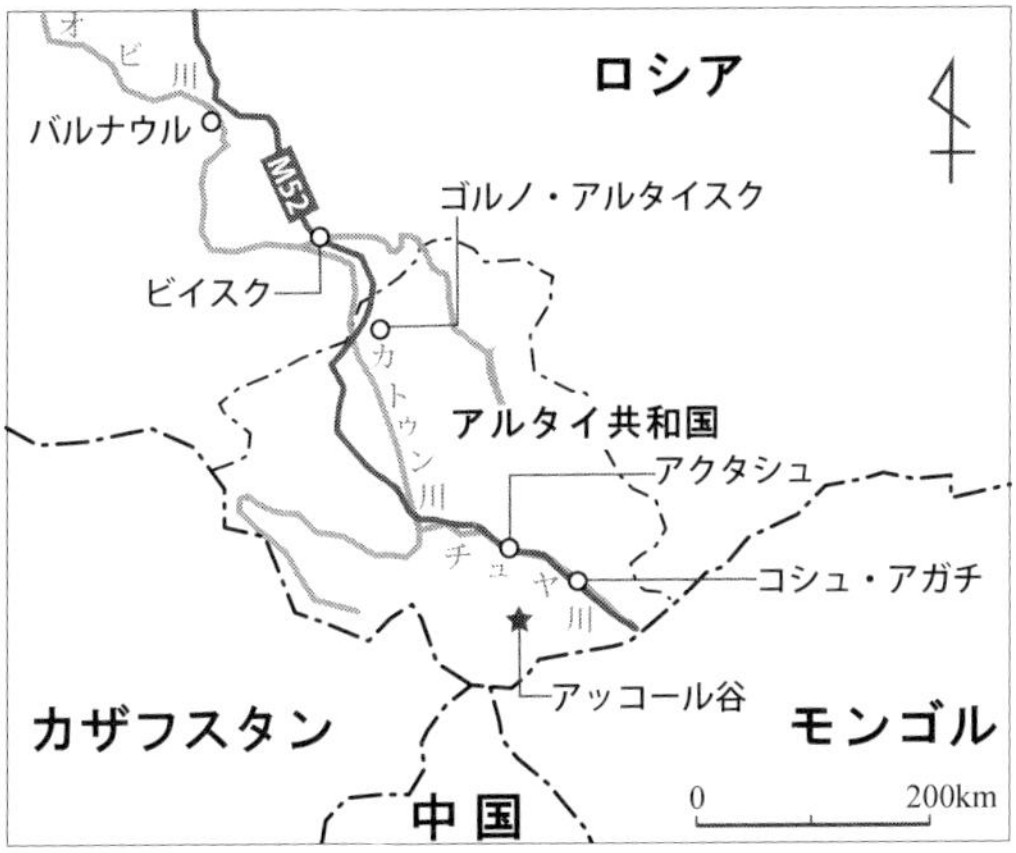

図１　私の調査地，ロシア・アルタイ

のサンプル）掘削も行われた。コア掘削に参加した国立極地研究所の藤井理行教授からは、ロシア・アルタイは氷河だけでなく、永久凍土に関連した地形もたくさんあったのでおもしろそうだと教えられた。

現地情報が乏しいときの〝やり方〟

新しいフィールドを何とか決めることができたけれど、現地に関する先行研究や情報が乏しく、事前に研究テーマをしぼりこむことができない状態で、どうすればよいか。

テーマの見つけ方は、人それぞれである。私の周辺では、まず調査地を決めて現場を歩いておもしろそうな地形や露頭（地層の断面）をみつけ、テーマを決めていく人が多い。事前の情報がたとえ乏しくても、現地を実際に歩きまわることで、何とかしようというやり方だ。今回のロシア・アルタイも、永久凍土に関連した地形が多数あったという藤井教授からの口コミ情報のほかには、調査地周辺を撮影したランドサットの衛星画像があるのみで、インターネットでロシア・アルタイの永久凍土に関する論文を検索してみても英語で書かれている文献はほとんどなかった。そこで、今回の調査は、現地で気象観測や地形の測量を行い、あとは集まったデータをアレンジして論文を書くというスタンスで臨むことにした。

ここで、調査期間についてもふれておこう。私の場合、海外調査の期間は1～3カ月の場合が多い。最長は南極越冬の1年5カ月間であるが、人類学のように2年間も連続でフィールドに入り続けるようなことはほとんどない。分野によって、調査期間にはそれぞれ特徴があるようだ。

フィールドに「入る」前に、人探し

氷河や永久凍土を調べる自然地理学のフィールドは、人里離れた山のなかの場合が多く、ときには危険な氷河上で調査を行うこともある。宿泊もテントで幕営ということが多い。登山と同じように単独だと遭難するリスクが高く、また、測量やコア掘削など一人ではできない作業がともなうこともあるので、数人の研究グループでフィールドに入ることが基本である。もちろん、学生や研究費に乏しい場合は、やむをえず単独で調査を進める場合もある。

海外調査の場合は、現地の大学や研究機関のカウンターパートとともに調査に入ることがほとんどである。ロシアの地方都市は、『地球の歩き方』はもちろんのこと、『ロンリープラネット』にさえもほとんど情報が記されておらず、空港から市街地へ行くだけでもカウンターパートの協力がないと厳しい。そこで、協力的なカウンターパートに巡り会えるか否かが、調査成功の鍵を握っている。まずは、カウンターパート探しから始まる。

２００３年に国立極地研究所に数カ月間滞在していたロシア科学アカデミーの雪氷学者セルゲイ氏に、「アルタイ周辺でカウンターパートになってくれそうな知り合いがいないか?」と相談したところ、ロシア・アルタイ地方の中心都市バルナウル市にあるアルタイ州立大学地理学部のニコライ教授を紹介された。ニコライ教授の専門は自然地理学で、アルタイ山脈へは学生を連れて毎年調査に入っているとのこと。教授自身は英語が苦手らしく、博士課程の学生のオレグ氏とメールにて交渉を開始した。業務用ビザや国境地帯の入域許可証の申請、調査内容や調査費用について6月上旬から打ち合わせを行った。ロシアはインビテーション（紹介状）がないとビザが発行されないので、手続きに手こずることが多いと聞いていたため、パスポートのコピー、ビザの受取先、出生地などの情報を早めに連絡したところ、6月中旬にEMS（国際スピード郵便）でインビテーションレターが届いた。さっそくロシア大使館にもっていき、スムーズにビザを取得できた。

調査地はアルタイ山脈のなかでもアプローチがよく、ニコライ教授が重点的に調査を行っている南チュイスキー山域のアッコール谷周辺、調査期間は２００３〜２００５年の3年間、現地調査は毎年8月に2〜3週間程度行うことに決まった。また、協定書の提出を求められ、調査は国立極地研究所北極圏観測センターとアルタイ州立大学の共同調査で、費用は日本側が全面負担、ロシア側は現地調査を全面支援するとした内容のものを作成した。

心配なのは言葉

ロシアの調査で最も心配していたのは言葉、すなわち語学の問題だった。私のロシア語は、キリル文字をなんとか解読できる程度。出発までにＮＨＫロシア語講座を何回かみたが、以前に挑戦したスペイン語よりはるかに難解で、1〜2カ月間程度のにわか勉強では太刀打ちできないことだけが理解できた。それでも、あいさつと買い物の仕方、数字、トイレはどこですか？　などサバイバル用語だけは覚えた。

２００３年8月3日早朝、藤井教授と私はステップの大草原の真っ直中にあるバルナウル空港に降り立った。空港の気温は約15℃、さすがに北緯50度を超えているだけあって真夏でもヒンヤリしていて涼しい。

空港にはニコライ教授とオレグさん、ロシア科学アカデミーのドミトリさんが迎えに来てくれていた。ニコライ教授は50代後半くらいのいかにも温厚そうな方だった。英語が苦手と聞いていたが、日常会話程度は問題なく話せた。オレグさんは、20代半ばのがっちりした体格の育ちがよさそうな学生だ。驚いたのはドミトリさん、「藤井先生、福井さん、はじめまして」と流ちょうな日本語で話しかけてきたのである。

まさか、ユーラシア大陸のど真ん中で日本語を聞くとは思わなかった。聞けば、オゾンホール研究の権威、名古屋大学環境学研究科・岩坂泰信教授のもとで博士号を取ったとのこと。とりあえず、これでいちばんの懸念事項であった語学の問題はあっさり解決した。

大都市で、準備をすすめる

調査地のアッコール谷は、バルナウル市の南７００㎞に位置する。私たちは、バルナウルの大学近くのホテルに２日間滞在し、ロシア恒例の外国人登録、調査の打ち合わせと予算交渉、燃料や食料の買い出しを行った。調査費用の内訳を表１に示す。ドミトリさんの通訳のお陰で、アルタイ側との調査打ち合わせと予算の交渉は非常にスムーズに進んだ。今回はカウンターパートが信頼できると判断し、「追加請求には応じられない」と伝えて費用を全額前払いした。帰国後、ロシアで研究を行っている友人にこの調査費用のことを話すと、破格だといわれた。

ロシアといえばとにかく物不足という漠然としたイメージを私はもっていたので、燃料や食料などの買い出しに手こずるのではないかと心配していた。しかし、少なくとも人口60万人を超えるシベリアの大都市バルナウルは、そんな心配が無用だった。市の中心、レーニン広場周辺には商店やレスト

表１　アルタイ調査の費用（2003年当時）

車のレンタル代	600ドル（燃料費込み）
食　料	700ドル
謝金（教授）	1日40ドル×20日＝800ドル
（学生）	1日20ドル×20日×2人＝800ドル
（運転手）	全期間で280ドル

ランが入ったビルが立ち並び、郊外にはイオンモールのような巨大ショッピングセンターまであった。市内にはトラム（路面電車）や路線バスなど公共交通機関も整備されており、ヨーロッパの地方都市となんら変わらない印象を受けた。アルタイ大学のメンバーは野外調査慣れしているようで、燃料や食料の買い出しは順調に進んだ。

調査地までの長い道のり

調査準備が整った8月6日朝、アルタイ大学所有のロシア製四輪駆動車ＵＡＺでモンゴル国境へとのびているＭ52幹線道路を南下した。

ステップの大草原のなかのよく整備された舗装道路を3時間も走ると、ロシア連邦アルタイ地方で最も古い町、ビイスク市（１７０９年建設）に到着する。ここから幹線道路はオビ川の上流部であるカトゥン川に沿うようになる。ビイスクから1時間も走るとアルタイ共和国（ロシア連邦の地域区分の民族共和国）に入る。さらに1時間ほどでアルタイ共和国の首都ゴルノ・アルタイスクに着いた。ゴルノ・アルタイスク周辺には土産物屋の屋台が集まっている集落や別荘地もあり、観光地化が進んでいた。客の大半はロシア人。ドミトリさんによると、アルタイ共和国の産業は観光業ぐらいしかなく、予算の大部分がロシア連邦からの補助金によって賄われているとのこと。

幹線道路はゴルノ・アルタイスクからしばらくカトゥン川沿いを南下し、いったん西側の山岳地を走り、シミンスキー、チキダバンとよばれる2つの峠を越えると、再びカトゥン川に沿って走るようになる。車窓からは、最終氷期の6～4万年前に形成された高さ１００ｍ近い切り立った河岸段丘が目につく。やがて、道はカトゥン川の支流、チュヤ川に沿うようになる。チュヤ川流域にはうっそうとしたシベリアマツの原生林が茂り、はてしなく澄んだ渓流が深く切れ込んでいてとても美しい。ちなみに、ロシア・アルタイ山脈の一部は１９９６年に「アルタイの黄金山地」としてユネスコの世界自然遺産に登録されている。

夜に国境警備隊の駐屯地がある村、アクタシュ（標高１３２０ｍ）に到着。ここでオレグさんがわれわれのパスポートを国境警備隊の駐屯地へもっていき、何やら手続きをしていた。ドミトリさんに聞いてみると「ここから先へ進むには入域許可証を提示する必要がある」とのこと。この日は村役場の宿舎みたいなところに泊めてもらった。

翌8月7日、早朝にアクタシュを出発。しばらく走ると狭い峡谷から視界が一気に開けてクライ盆地へ入った。この盆地には最終氷期の7万年前頃、アルタイ山脈から伸びてきた氷河がチュヤ川を堰き止めてできた巨大な湖があったと、オレグさんが教えてくれた。なんとなく、そろそろ永久凍土が出てきそうだなと思って、ニコライ先生に尋ねてみると「盆地のなかにはパッチ状にシベリアマツの森があるだろう。あの森の下には厚さ70ｍの永久凍土層がある」とのこと。盆地の西側には、氷河を抱く北チュイスキー山域の山々がみえた。クライ盆地の南端、標高１８００ｍ付近では、内部の永久凍土が消失

写真1　アッコール谷
写真中央に立っているのが藤井教授.

した岩石氷河が多数みられた。ようやくめざすフィールドに近づいてきているという実感が湧いてきた。

さらに南のチュヤ盆地に入ると、空気が一気に乾燥しはじめて荒涼とした岩石砂漠が広がっていた。砂漠なのに、盆地中央にはチュヤ川が激しく蛇行して流れていて、三日月湖と湿地が無数に点在している。今まで見たことのない景観だ。盆地の南側には氷河を抱いたモンゴルの山々までが見渡せた。

チュヤ盆地中央にある国境のゲートとなる町コシュ・アガチの手前で幹線道路と別れて、ほこりっぽいダートの道に入る。1時間くらい走ると、高さ5mくらいの湖底堆積物の露頭があった。露頭の前では、ドイツ人の地質学の研究者が15名くらいの学生を相手に露頭の解説をしていた。私も学生に混じって解説を聞いていたら、「この水平の地層がどうやってできたか答えてみろ」と、なぜか指名された。「私は巡検参加の学生ではない」と答えると大笑いされた。その後、いくつかのモレーン（氷河の運んだ土砂の丘）を越え2時間近く走ると、氷河によって削られてできた巨大なU字谷が出現した。これが今回の調査地アッコール谷であった（写真1）。

「ニクカン」と「トースト」にちょっと苦戦

アッコール谷は、谷壁斜面にシベリアマツの森があり、谷底の草原には多数の湖があり、谷奥に白銀の氷河がみえている、素晴らしく美しい場所だった。道は

表2　キャンプ地の一日

7時	起床．朝食はロシア名物のカーシャ（コンデンスミルクたっぷりのミルク粥）．食事後，仕事についての打ち合わせ．
8～9時	午前中の調査開始
12時	昼食．黒パンと缶詰や，カップ麺をもっていって現場で食べる．
13時	午後の調査開始
18時	キャンプ地に帰還．夕食はボルシュ（赤カブとキャベツなどの野菜と肉の缶詰のスープ）と黒パン，サラダなど．その後，ウォッカで宴会．
21時ごろ	就寝

ないが、軍用車ベースの四輪駆動車ＵＡＺはこういう場所では本領を発揮し、川を渡り草原をグイグイ進み、無事アッコール谷中央部のキャンプ地（標高２３００ｍ）に到着できた。

キャンプ地には、テントを張って自炊しながら約2週間滞在した。キャンプ地の一日を表2に示す。キャンプ地には、私たちのほかにも何隊かのロシア人やドイツ人の研究者、登山者のグループが入れ替わり立ち替わり現れ、1～2泊して次の目的地へ出発していった。ときどきみんなで焚き火して、夕飯パーティーして大いに盛り上がった。ドイツ人の植物学者は「ここはシベリアの高緯度地域の植生と中央アジア山岳地帯の植生の両方がみられる、非常に面白い場所だ」と酔っぱらいながら教えてくれた。キャンプ地から幹線道路までの50㎞を歩いて戻る、タフなロシア人登山者グループもいた。

夕食のボルシュには、われわれが「ニクカン」とよんでいた大量の脂身が入っている牛肉缶詰が投入されることが多く、脂で胃袋がコートされる気がするほど脂っこかった。また、ニコライ教授はマヨネーズを溺愛しており、マヨネーズのなかに野菜が浮いているような全然ヘルシーでないサラダが頻繁に出てきて閉口した。キャンプ後半になると、野菜類がなくなってきてビタミン不足に陥り、口内炎に悩まされた。

夕食後は必ず宴会となった。小さめのグラスにウォッカをなみなみと注ぎ、グラスを掲げて「何々にトースト（日本でいう乾杯）」とスピーチして、一気に飲み干す。次の一杯はまた別の人が「何々にトースト」。これをウォッカがなくな

写真２　トーストするオレグさん（左）とニコライ教授（右）

るまで延々と続けるのが、ロシア流の飲み方らしい。ロシア人たちの酒の強さは半端なく、ニコライ教授は機嫌がよい日にはウォッカ1本を一気飲みすることもあった。

私は一度、記憶をなくすほどグデングデンに酔っ払ってしまい、オレグさんやドミトリさんに担がれて自分のテントに戻されたことがあった。翌朝「やらかしてしまった」と、かなり悔やんだが、なぜかニコライ教授が今まで以上に調査に協力的になってくれた。ウォッカの洗礼を受け、ようやく本当の仲間として受け入れられたのかもしれない。

圧巻の岩石氷河群

アッコール谷右岸の北西向き斜面には、表面に畝溝が無数にある長さが1km近い大型の岩石氷河が30近くも並んでいた。圧巻だ。

岩石氷河は、凍てついた砂礫「永久凍土」が年間数十cmの速度でゆっくりゆっくり移動（地形学用語でクリープという）してできる氷河に似た地形で、世界各地の山岳地に分布している。あまり知られていないが、日本の中部山岳にも永久凍土がなくなった岩石氷河が複数存在する。

写真3　アッコール谷の岩石氷河群
舌のような形にみえる地形が岩石氷河．凍てついた砂礫「永久凍土」がゆっくり流れ下って形成された．

ヨーロッパ・アルプスでは、山岳地で最も目立つ地形なので古くから研究されており、その成因を明らかにするため数千万円をかけて永久凍土層の底まで貫通するボーリング調査まで行われている。学生の頃、スイス・アルプスで世界的に有名なムルテル岩石氷河、ムラーユ岩石氷河をみて「なんて美しい地形なんだ」と感激したものだが、アルタイの岩石氷河は規模や数でスイス・アルプスのそれをはるかに超えていた。

また、谷底には「ピンゴ」とよばれる、氷核をもつ永久凍土の丘や、冬季に猛烈に冷やされた地面が収縮して割れてできる「凍結割れ目多角形土」など、おもに高緯度地域に分布する地形がみられた。これらは、永久凍土の存在の指標となる地形だ。また、サーモカルスト・レイクとよばれる、永久凍土が融けて地面が陥没してできる池も多数あった。永久凍土関係の地形がこれほど集中して存在する場所は、世界的にもあまりないと思われ、凍土研究者にとっては楽園のような場所であることがわかった。

写真４　地温計設置のための穴を掘るドミトリさん

調査器具が盗まれないように

永久凍土研究では、まず、どれくらいの標高から永久凍土が分布しはじめるのか明らかにする必要がある。このため気温や地温を最初に観測する。今回はアッコール谷のU字谷の斜面４カ所に気温観測用小型データロガー（無人でデータを連続記録する装置）、岩石氷河上20カ所に地温観測用小型データロガーを設置した。

アッコール谷には数軒の地元民の家族がヤクの牧畜を営みながら生活をしている。データロガーは、地元民に発見されるとネパールなどと同様、確実に盗まれてしまう。同行したニコライ教授はロガーを設置する際に、いつも双眼鏡で地元民の動きを観察していた。われわれは慎重を期すために、ペンキを塗った目印から数m離れた場所にロガーを設置した。

一度だけ、馬に乗った地元民の親子が夕食時のわれわれのキャンプに遊びに来たことがあった。顔立ちはカザフスタン系で、日本人そっくり。まだ中学生くらいの子どもがウォッカをねだってきた。ドミトリさんが、「子どもに酒を与えると抑制がきかなくなるので、絶対に与えてはいけない」と私に告げて酒類をテントのなかに隠し始めた。

こうして調査をすすめるうちに「圧巻の岩石氷河群がどのくらい流動しているのか？この規模からすると世界最速で流動しているのではないか？」といった疑問が湧いてきた。そこで、いくつかの岩石氷河で流動観測を行うことにした。

流動観測では、岩石氷河上にある大岩にペンキで目印を書いて測点とし、トータルステーション（反射プリズムへレーザー光を放って距離と水平角を測る測量機器）で各測点の位置を測量し、1年後に再測量して、測点の位置の変化から流動量を求める。私がトータルステーションを扱い、ロシア人たちに反射プリズムを測点に置いてもらって、測量を行った（写真5）。

測量はチームプレーなので、観測を行っている全員が作業の流

写真5　トータルステーションで岩石氷河の流動を測量する筆者

れを理解していないと非常に効率が落ちる。ロシア人たちは測点を効率よく移動し、反射プリズムの向きをレーザー光があたりやすい方向に向けてくれるなど、手際がよかった。聞くところによると、ロシアの大学の地理学専攻の学生は測量機器の使い方のトレーニングをみっちり受けるらしい。今回は5つの岩石氷河で合計45の測点を設置・測量したが、わずか4日間で終えることができた。

短い夏の調査を重ねて

8月半ばをこえると紅葉が始まり、山は秋の装いになってきた。空気は日に日に冷えてきて、テントに雪が積もることもたびたびあった。北海道よりも北にあるアルタイの夏は、格段に短い。キャンプしているのは、われわれのグループだけになった。藤井教授は8月11日、一足先にバルナウルに戻り帰国の途についた。食料もウォッカも底つき、そろそろシャワーを浴びたくなってきた8月22日、われわれもキャンプを撤収して帰途についた。途中アクタシュで一泊し、8月23日夜中にバルナウルに生還した。バルナウルでは、アルタイ州立大学付属植物園の宿泊所に泊めさせてもらった。

ロシア・アルタイでは、その後、04、05年の8月に現地調査を行った。07年に調査地周辺の永久凍土分布や岩石氷河の活動状況などの結果をまとめて、国際永久凍土学会誌に論文を発表した（Fukui et al., 2007）。この論文は、南極越冬中の06年末に、ドームふじ基地（標高3810m）で低酸素のため働きが鈍くなった頭で苦労しながらレフリーとやり取りして、出版までこぎ着けた記憶がある。

南極越冬から帰国した08年春に、世界的に著名な永久凍土学者でカザフスタンの永久凍土研究所所長のゴルブノブ氏から「君のロシア・アルタイの論文には感心した。あの地域はロシア人研究者も、永久凍土調査をまともにやってこなかった。論文の別刷りをぜひ送って欲しい」と手紙が届いた。このことをオレグさんへメールで伝えると、「今後も調査をぜひ一緒に続けよう」と返事が来たのだった。

政情不安で2つの調査地に入れなくなった私は、そのおかげで、ロシア・アルタイの素晴らしい大自然に出会い、その後の永久凍土研究につなげることができた。

参考文献

・Kotaro FUKUI, Yoshiyuki FUJII, Nikolai MIKHAILOV, Oleg OSTANIN and Go IWAHANA (2007) The Lower limit of Mountain Permafrost in the Russian Altai Mountains, *Permafrost and Periglacial Processes*, 18, 129~136, doi: 10.1002/ppp.585.

5 このこと犬ソリにのって

北極探検家と行くフィールドワーク

的場 澄人
MATOBA Sumito

極域観測へのモチベーション――ふわりと極地へ

大学院修士課程2年生の夏、就職か進学か、これから何をしたいのか進路を決めかねていた私は、指導教官に勧められ国立極地研究所（極地研）を見学に訪れた。極地研で行われている研究の説明を聞くなかで、翌年の春に北極圏にあるスバールバル諸島で氷河掘削観測が計画されており、極地研に進学したらこの観測へ参加できる可能性があることを聞いた。極地での観測というと映画の『南極物語』や『植村直己物語』で観たようなことしか知らなかった私は、極地観測は山岳部出身のような野外活動やサバイバル技術に長けた猛者しか行けないものと思っていた。また、その日の夕方に参加させていただいた次期の南極観測隊隊員の懇親会でお会いした観測隊長は、凍傷でいくつかの指をなくしておられた。その指を見ながら、私は極地の観測への参加の話があまりにも気楽に簡単に進んでいくことに驚き、そしてそんな過酷なところに自分なんかがふらっと行って、生きて帰ってこられるのだろうか、と戸惑っていた（その観測隊長は研究者でもありながら有名な登山家でもあり、未踏峰に登頂されたときに凍傷になったと聞いたのはずいぶんあとのことだった）。

懇親会を楽しんでいるうちに、北極なんてところ行くチャンスは今後一生ないだろうし、それは絶対おもろい経験で一生楽しめるネタになるだろうと思った。そして、そんな経験ができるなら、その先の人生のことはまあとりあえず考えるのをやめて、ここの博士課程に進学しようと決めた。

そして、翌年の4月に国立極地研究所、総合研究大学院大学の博士課程に入学し、その1カ月後、スバールバル諸島の氷河掘削観測に参加させてもらった。観測のメンバーは、日本人6名、ロシア人3名だった。私以外の日本人の隊員は、南極観測隊などの極地観測の経験豊富な極地研、北海道大の研究者と氷河掘削の技術者たちだ。スバールバルにあるロシア人の街バレンツブルグでロシア製の大型ヘリコプターにめいっぱい荷物を積み込み、4時間飛ぶと北緯78度にある掘削地点の北東島西氷帽に着いた。荷物を降ろしたヘリコプターが帰ってしまうと、真っ白な広い雪原だけが残って、しーんとしていた。この島には人は住んでおらず、最寄りの町までもヘリコプターで2時間かかる。「北極だっ！ 氷河だっ！」という感動も、なにかあっても自力で戻れないという恐怖を感じる猶予も与えられず、極地の経験が豊富な他のメンバーが淡々とテントを張り荷物を整理してキャンプ体制を整えているのにならって、生きるための設営を始めた。

氷河の頂上は、古い積雪の上に新しい雪が次々と連続的に降り積もって氷になっているところだ。雪は大気中の気象条件を反映して結晶を形成し、降雪中に大気中のさまざまな物質を取り込む。つまり、降雪に含まれる成分や科学的な性質はそのときの気候や大気の環境を反映している。雪がさらに降り積もるとその重みで雪は氷になり、科学的な性質を保存したまま氷河の深部へ取り込まれていく。氷河の頂上を表面から深部に向かって氷をくりぬいて採取し、その氷（アイスコア）の性質や含まれる不純物を調べれば、過去から現在にかけての環境変化を復元することができる。

アイスコアの採取には、そのために開発された専用の掘削機を使う。掘削機は筒状の形をしていて、その筒の先端部分縁に刃がついている。掘削機をワイヤーでつり下げ、刃をモーターで回転させながら氷河におろす。回転する刃が氷を円柱状に削り出し、円柱状に削られた氷は掘削機の筒の中に入っていく。筒の中がアイスコアと削りくずでいっぱいになったら切削を止め、地上に掘削機を引き上げてアイスコアを取り出す。1回の掘削で50から70㎝ほどのアイスコアが採取できる。ドリラーとよばれる掘削担当者は、トラブルを解決しながら掘削作業を繰り返していく。

掘削したコアは実験室に運ばれる。実験室といっても建物ではなく積雪を2m近く掘りさげてつくった雪洞《せつどう》の実験室だ。実験室ではアイスコアの解析と処理を行う。アイスコアを観察して氷の層を記載し、写真を撮り、長さと質量を測定する。そのあと電動ノコギリで切断して、一部は化学分析のために融解処理をし、一部は日本まで持ち帰るために梱包される。コア処理担当者は、毎日雪洞実験室のなかで黙々と作業を進める（写真1、2）。

初めての北極の自然環境は思っていたほど辛くなかった。5月という時期だったからか気温もマイナス10度前後と寒くなかったし、白夜の明るさで眠れないこともなかった。強いブリザードが吹くなかで雪まみれになりながら用便を済ませたりするのが、なぜか楽しかった。

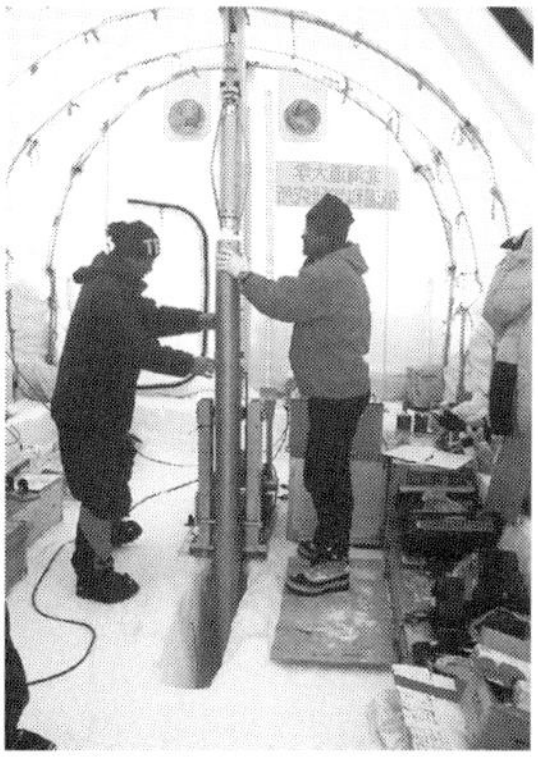

写真1　アイスコアを掘削するドリル

写真2　雪洞実験室
アイスコアの直径を計測している．

辛かったのは、日々の生活だった。大型のテントのなかで1カ月間、6人で寝食をともにする生活は、本当にストレスがたまった。他人に気を遣う質で神経質だった私は、ちょっとした他人のわがままな振る舞いが我慢ならなかった。今では、観測の生活にストレスを溜めないためには、我慢しないである程度自分勝手に振る舞うことが必要だろうと理解している。でも当時は、他人の振るまいに対して何かとイライラしてむかついていた。観測中に書いていた日記を今読んでみると、観測の後半は不平・不満・いらいらばかり書いてある。

この観測には北極圏で探検活動をしていた山崎哲秀が参加していた。私は、山崎と初めて会ったときに探検活動をしていると聞いたが、どういうことなのかよくわからず、その活動の内容について興味を持たなかったのだが、山崎は私より2歳年上で観測隊では年齢が近かったこともあり、観測中によく話をした。この「北極探検家・山崎哲秀」との出会いは、私がフィールド観測を主とした研究に従事していく大きなきっかけになった。

北極探検家・山崎哲秀

山崎は、高校生のころ、植村直己がアラスカのマッキンレーで遭難したニュースを聞いた。世間がなぜこれほど騒いでいるのかと疑問に思い、植村の著書を読み、冒険や探検の世界に興味をもった。そして、植村に習うように、京都から東京まで徒歩で旅行をし、その後、南米へ行って筏をつくってアマゾン河下りに挑んだ。一度目は、筏が転覆して失敗したが、翌年に再度挑戦し、河口までの漕破に成功した。

その後、山崎はグリーンランド氷床の単独徒歩縦断を目標に据え、活動の場を北極に移した。単独でグリーンランド氷床を歩くために必要な行動や旅行の技術習得、体力づくりを目的にグリーンランドを訪れることを決めたが、何から始めたらいいのか、またどうやってグリーンランドに行くのかさえわからなかった山崎は、自己紹介と自分がやりたいことを書いた手紙を出版社や山岳活動グループなど関係がありそうなところに送った。その手紙に対応してくれた一人が、山岳や自然に関する雑誌や書籍の出版をする山と溪谷社に勤めていた神長幹雄だった。山崎は神長からグリーンランドでトレーニングをするための情報や助言をもらった。そして1989年から毎年、建築作業のアルバイトで資金を貯めては、冬にグリーンランドを訪れ、厳冬下でトレーニングを行った。

グリーンランドでのトレーニングを始めてしばらくしたころ、山崎は神長から国立極地研究所の渡邉興亜教授（当時）を紹介された。そのころ、北極・南極で活動する冒険家や探検家は、よく渡邉のところに立ち寄っていた。当時のことを渡邉は、「理由はよくわからなかったが、研究者や冒険家がよく連絡をしてきた。極地研に直接連絡が来るのではなくて、雪や氷とはまったく違った分野の研究者や大学教員などのつてで連絡してきたことが多かったと思う。こっちもとくに断る理由がないから、なんだかんだと人が来て、つきあいが続いていた」という。インターネットが普及する前、人があまり行かないような場所の情報を得る手段は、人どうしの繋がりが最も有力だったのだろう。手軽に入手できる情報が少ないがゆえに、研究者も探検家もそれぞれネットワークが今よりも強く、研究者と探検家というような分野を超えたネットワークも強かったのだろう。

山崎もグリーンランド活動の前後に渡邉のところを訪れ、活動を報告するようになった。ある日、いつものように極地研を訪ねた山崎は渡邉から、一人で活動するのも結構だが、こんどはチームで活動してみてはどうか、と提案され、1995年のスバールバル諸島での氷河掘削観測に参加することになった。

犬ソリを使った科学観測

山崎は目標としていたグリーンランド氷床単独徒歩縦断がデンマーク政府から許可されないため、許可を得るための実績づくりの一つとして１９９７年３月に、成功すれば世界で2例目となる北極点単独無補給徒歩行に挑んだ。これまでのグリーンランドでのトレーニングと同様に、山崎は遠征費用を建築作業のアルバイトなどをして自前でまかなっていた。大きな後援組織もなく、マスコミにもまったく報じられなかったこの挑戦は、海氷が幾重にも積み重なって連なっている乱氷帯に行く手を阻まれて失敗に終わった。私は、2年前に会った同世代の男が一人でひっそりと北極点に歩いていこうとしている現実がよく理解できなかった。山崎がもつ発信器から送られてくる位置の情報を毎日パソコン通信で受信して、現実のことと思えない不思議な気持ちで地図に印を書き込んで眺めていた。

山崎は翌シーズンから、30歳になったら始めようと考えていた、グリーンランドエスキモーの技術の伝承のための活動を開始し、グリーンランドで犬ソリを始

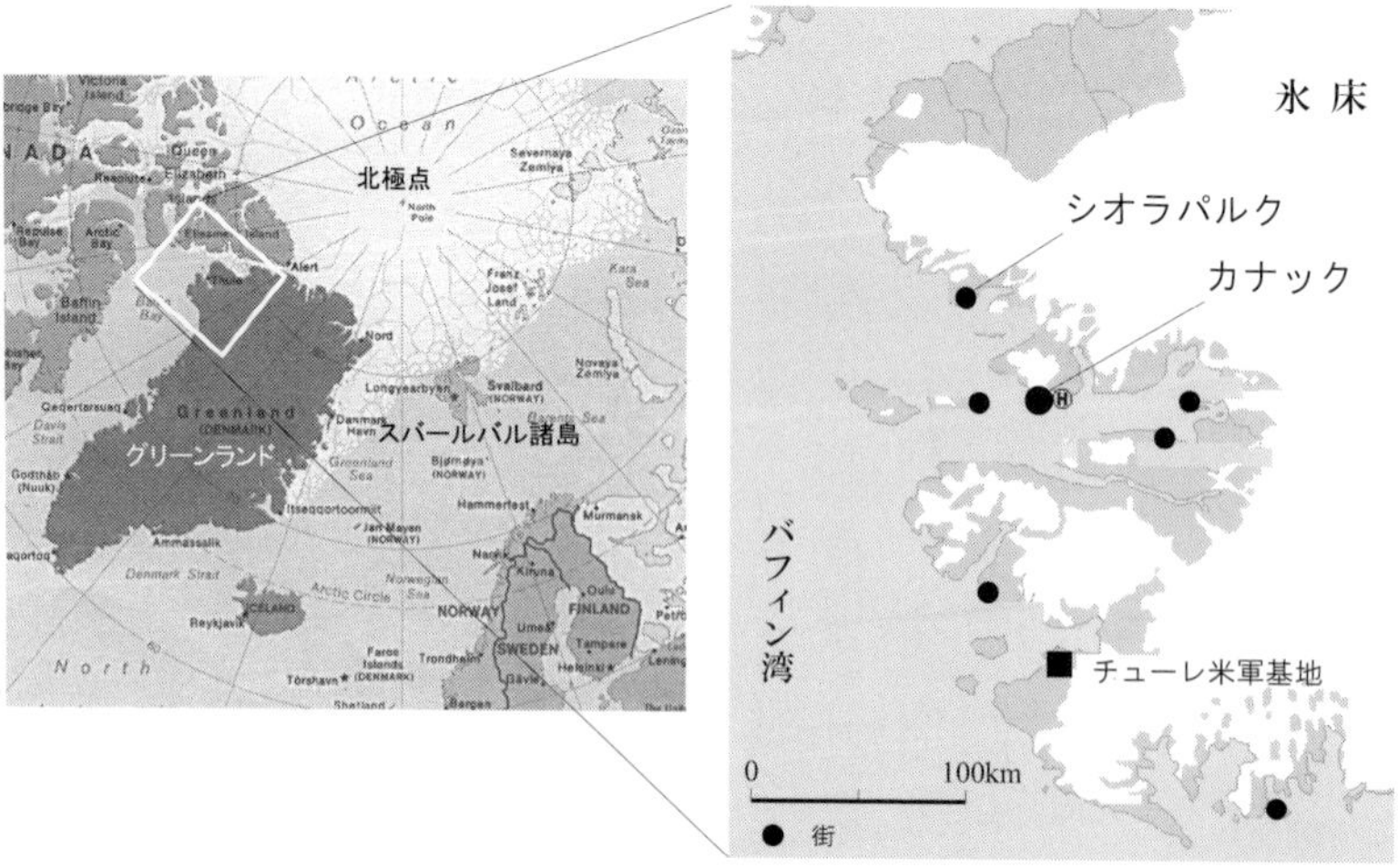

図１　私の調査地，グリーンランド
右図の白部分は氷床.

めることにした。出発前に極地研を訪れた山崎は、「的ちゃん、今年から犬ソリを始めるから、卒業したら犬ソリに乗りにこない？　乗っているだけでいいから」と私を誘った。まだ、始めてもいないのに、そんなに簡単に技術を習得できるのだろうかとも思ったが、卒業後の進路先もとくに決まっていなかったし、「グリーンランドで犬ソリに乗る」という現実感のない提案が、とても魅力的でおもしろいと思い、卒業したら行くからと返事をした。

翌4月に、自分の少ない貯金と日本雪氷学会から援助していただいた奨励金と渡邉からいただいた支援金を費用に、山崎がいるグリーンランド最北の村のシオラパルクに向かった（図1の右図）。「飛行機とヘリコプターに乗ってくるだけだから」という山崎のアドバイスだけをもらって出発した私は、グリーンランド北部のチューレ米軍基地にたどり着いたときに、目的地シオラパルクの手前の町カナックまでしかいけないことを聞いた。慌ててシオラパルクの国営売店に電話して山崎を呼び出してもらい、シオラパルクにたどり着けないことを伝えると、犬

写真 3　グリーンランドの氷床を犬ソリで移動する

ソリで迎えに来るという。それまで町でどうしたらいいのか相談しようとしたら電話が切れていまい、それっきり電話が不通になってしまった。

チューレ米軍基地からヘリコプターに乗り、カナックについた。ヘリポートからトラックの荷台に乗せられ、ある家の前で降ろされた。デンマーク人の運転手は、「May be your hotel…」とだけいって、走り去ってしまった。

その家には鍵がかかっており、家の前で途方にくれていると、「ヤパニ（日本人）、ヤパニ」と声をかけてくる人がいた。身振り手振りとお互いのつたない英語でのやりとりから、ご飯をごちそうするからおまえはお酒を買ってくれ、といっている気がした。今日はこの人に家に泊まれるかもと思いお金を渡すと、彼は嬉しそうに売店へ行きシナプスという強い蒸留酒を買ってきて、彼の家に招いてくれた。家でご飯をごちそうになり、お酒を飲んでいると、アルバムを出してきて古い写真をみせてくれた。そこには植村直己（注1）が写っていた。植村直己がいた場所に来ているんだ、とじっくり感動したかったのだが、家のなかがえらい騒ぎになってきた。もともとグリーンランドの文化にはお酒がなく、人びとは身体にアルコールを分解する酵素をもっていない。近年になって欧米の文化がグリーンランドにもたらされたときに、お酒も生活のなかに入ってきたのだが、身体がアルコールを受けつけないので、お酒を飲むとひどく悪酔いしてしまう。歌い出す人、泣き出す人、暴れる人、大変な状況になってきた。このままでは危ないと退散して、私が最初に置き去りにされた家の前に戻ると、その家の住人が帰ってきていた。「おまえ、山崎の友達だろ。山崎が来るまでいつまでもいていいよ」。その人も暖かく迎えてくれた。

翌朝、山崎が現れた。白夜のなかを夜通し犬ソリを走らせてきてくれたのだ。昼頃まで休憩した後、犬ソリに乗ってシオラパルクに向かった。凍った海の上を犬ソリは自転車より遅い速度でゆっくりと進んだ。気温はマイナス10度ほどだが、体がまだ慣れていなくて、とても寒く感じた。顔が冷たく、少しでも暖かくなるよう顔を太陽に向けて犬ソリに乗っていた。カナックからシオラパルクまで60㎞ある。進めども進めどもシオラパルクはみえてこない。昨晩、走りつづけた犬たちも疲労がたまっているようで、ちょっとした海氷のコブさえ乗り越えられず、すぐに止まってしまう。

「的ちゃん、犬の前を歩いてくれる?」

歩きたがらない犬を誘導するため、リーダー犬の役割をしてくれということだ。乗っているだけでいいって言ってたのに、などとつぶやきながら、犬の前をとぼとぼと歩いた。カナックをスタートしてから8時間ほど進むと、遠くにシオラパルク村が見えてきた。犬たちも村が見えたら元気が出てきて、ソリは快調に進み始めた。そこからさらに1時間進んでシオラパルク村に到着した。

その後、シオラパルク周辺で犬ソリの訓練や狩りをした後、山崎が冬の間につくったルートを使ってグリーンランド氷床に上がって5日間ほどの観測旅行を行い、積雪の調査をした。

2度目の犬ソリ観測旅行で苦戦

その後、私は北海道大学低温科学研究所で非常勤の職に就くことができ、氷河やアイスコアの研究を続けられることになった。そして、2000年春に再びシオラパルク村へ観測に行く機会を得た。観測資金は山崎の貯金と私の貯金だった。このときは、シオラパルク村から800㎞離れたヨーロッパの研究チームが氷床掘削をしている場所（North GRIP）まで、2カ月かけて犬ソリで往復する計画を立てた。長距離の移動となるため、定時の連絡と緊急時の支援のためにシオラパルク村に拠点を構え、私と山崎が出会ったスバールバル氷河掘削に技術者として参加していた宮原盛厚（株）地球工学研究所）に滞在してもらった。

4月下旬に13頭の犬とともにシオラパルクを出発したが、出発してすぐの氷河の登り坂でまず苦戦した。この冬は例年に比べて風が弱かった。例年なら強い風で吹き飛ばされるはずの雪が氷河の上に深く柔らかく残っていた。ソリに積んだ犬の餌は５００kg以上あり、重いソリは深い雪に沈み込み、たびたび動けなくなった。そのたびにソリから荷物を全部下ろしてソリを掘り出し、また積み直して出発するということを繰り返した。

途中で、餌を半分おろして残置してからは、ソリが軽くなっていくぶんましになったが、表面が硬い氷床までたどり着くまでにずいぶんと体力を消耗し、腰を痛めてしまった。氷床に上がってからは雪面の状態がよくなり、毎日少しずつ進み始めるようになったが、寒くて腰痛が悪化し、じっとソリに乗っているのが難しくなり、毎日のテントを張りや、寝袋に入る動作もつらくなってきた。そして身体が疲れてしまったことが気持ちにも影響しはじめた。まず、食事がつらくなってきた。道中の食事は、朝と晩はアルファー米をお湯で戻し、そこに粉末のマッシュポテトとバターと缶詰肉をあらかじめ炒めておいたものを混ぜて食べ、昼はプラスチック製のボトルにクッキー、レーズン、オートミール、砂糖を入れておいて、移動中にボトルから口のなかに流し込むように食べてい

写真４　白夜のなかをすすむ犬ソリ

た。乏しい観測資金では、醤油やカレー粉のように食欲が湧く調味料は高くて買えず、味付けは塩だけだったので、単調な味に飽きてしまい食べるのがつらくなった。また、ソリに座っているだけの移動時間は単調で、腰痛に耐えるだけの時間に思えてきた。そのうち山崎に対してもイライラするようになり、今回の観測で最低限のノルマだけやって帰ろうとばかり考えるようになった。

そんな私の様子をみてだろうか、出発して２００㎞くらいのところで山崎は、明日まで活動したら今回は戻ろうといった。私がもっとしっかりしていたら、もしくは山崎一人だったら、この先目標地点の North GRIP までは悠々と、ひょっとしたら山崎が北極での目標としていた氷床縦断までできたかもしれない。今から思えば、それくらいのチャンスだったのだ。しかし、山崎はあっさりと決断したように私にはみえた。内心はどうだったのだろう。納得いかず、ふがいない私に対して怒っていてもおかしくない状況だし、無理にでも遠征を続けたい気持ちもあったかもしれない。ただ、そのときもその後も、山崎は一度たりともこのとき撤退したことに対して非難がましいことも、嫌みの一つさえいったことはない。私は今、このときの自分のことを振り返ると、弱い自分に対する情けなさと悔しさがこみ上げてきて、悲しくてやりきれない気持ちになるのだが、そのときは、ほっとした気分になっていた。

行きの苦戦が嘘のように、帰路は順調に進んだ。平らにみえる氷床も緩やかに下っていてソリは行きよりも速く進んだ。村まであと少し、最後の氷河の下り坂の手前に到達したのは夕方だった。それまで一日中移動して人も犬も疲れていたが、この後風が強くなれば動けなくなるし、あとちょっとで村まで帰れるという気持ちが強かったため、その日のうちに氷河を下ることにした。よく滑るようにつくってある犬ソリは、氷河を下るときはどんどん加速してしまう。加速を押さえるためにソリに鎖を巻いてブレーキをかけて氷河を下った。しかし、ブレーキの効きが足りずソリは加速し始めてしまった。それにつられて犬もスピードも上げて氷河を下り始めた。慌ててソリに飛び乗った。

山崎が犬にスピードを落とすように号令をかけるがまったく制御ができない。猛スピードでソリと犬が下り始めた。ソリは、このまま転倒したり振り落とされたりしたら大けがをしてしまう。必死にソリにしがみついた。ソリは、クレバスとよばれる氷河の表面にできる深い割れ目があるところにさしかかってきた。クレバスの目印に旗を立ててあったのだが、見あたらない。と、突然ソリの前を走る犬3匹が雪のなかに消えた。クレバスに落ちたのだ。犬の引き綱がクレバスに引っかかってソリはわれわれを乗せたままクレバスにまたがるように止まった。ソリと一緒に止まった犬がもう1匹、すっとクレバスに消えた。私は呆然とソリに乗ったままでいた。山崎は冷静だった。私にソリから降りないこととビデオを回すことを指示し、安全を確認して犬の救出を試みたが、3匹は引き綱が外れてしまい、クレバスの底に落ちてしまった。

フィールド経験を積んで変わった自分、そして山崎の新たな活躍

この2000年の犬ソリ観測は、私にとって転機になった。科学観測としては未熟な観測であったし、日が経つにつれて撤退してしまったことを悔しく恥ずかしく思う気持ちが強くなったりもしたが、誰も科学観測をしていない場所で、一から観測を計画し、デンマーク政府から観測許可を取り、無線使用の手続きや食料の調達などをやり遂げたことで、自分に自信を持つようになった。

私は、それまで研究者コミュニティが苦手だった。まわりの学生・研究者がとてつもなく優秀にみえて自分にコンプレックスを感じ、他の研究者と交流をもつのが苦痛だった。学会発表も苦手で、予習してこなかった学生が渋々発表させられているような発表しかできなかった。それが、この観測後

から、徐々に自分の研究を聞いてもらいたいと思うようになった。研究者との交流も増え、山岳氷河や大気科学、海洋科学分野へと自分の研究フィールドも広がった。

山崎とっても転機になったのだろうと思う。山崎は極地観測のサポートということに、極地での活動のモチベーションを持ち始めた。そして、自分自身の活動と別に、北極域や山岳氷河の観測に呼ばれるようになった。この頃から、以前に比べて大型の科学調査に予算が組まれるようになり、私のような極地での観測の経験が浅くサバイバル技術も未熟な研究者や大学院生が、極域や山岳での観測に参加するようになった。そのため、観測隊や隊員の安全管理に目を配れるフィールドの専門家が必要とされるようになってきていたのだ。

そして、山崎は経験を買われ46次南極地域観測隊員に選ばれた。２００６年11月から２００８年３月まで南極に滞在し、フィールドアシスタントとして南極観測事業に従事した。南極観測隊に参加した山崎は、歴史が長く国家事業である南極観測に比べ、北極の観測は規模が小さく、施設や観測態勢についても確立されていないことがまだ多く、自分を生かせる場があると感じた。そして、

写真５　山崎（左）と私（右），そして犬たち

南極から戻った後、「犬ぞりによる北極圏環境調査プロジェクト『アバンナット』」という活動を始め、自身による北極の環境調査、科学観測の支援、若手研究者の活動支援などの活動を行っている。

グリーンランドでの観測にも転機が訪れた。温暖化によってグリーンランド氷床の融解量が増え、地球環境に与える影響が近年、問題視されるようになっている。グリーンランド氷床の観測研究は、これまで欧米の研究機関が主として行ってきたのだが、日本でも研究機関による大型観測計画が２０１１年から開始された。その観測に私は研究者として、山崎はフィールドの安全管理を担うフィールドアシスタントとして、参加している。２０１２年からはグリーンランドでの野外観測に、学生を含めて毎年十数人の日本の研究者が観測に訪れるようになった。初めての海外旅行が、グリーンランドでの野外観測だという学生もいる。２人で小さなことしかできなかった場所で、日本の研究機関が主催する観測が実施されるようになり、多くの仲間と参加する機会をもらえたことは、とても嬉しく思う。

極地の楽しいフィールドワーク

15年前、初めてのグリーンランドに出発する前日のこと、私は指導教員の渡邉のところへ出発の挨拶に行った。渡邉は厳つい顔でにやっと笑いながら「鼻歌まじりにやって来い」と言って送り出してくれた。その言葉を聞いて、「楽しんでくるにきまってるやん」くらいにしか思わなかった私は、結果、思い出すのも辛い

写真**6**　観測をする筆者たち

未熟な観測を苦しみながらしかできなかった。

今はどうだろう。渡邉が私に言った「鼻歌交じりにやる」のとは違う境地なのかもしれないが、今の私はフィールド観測が本当に楽しい。雪にまみれて用便をするのは相変わらず楽しいが、仲間と自分たちの課題に対してひたすら没頭することは本当に楽しい。ときに厳しい気象条件下でのつらい作業を強いられ、結果が思い通りにならないこともあるが、それもフィールドの醍醐味だと楽しめるし、すべてを終えたときの達成感と充実感を仲間と味わう時間は最高だ。

2012年のグリーンランド観測が終わったあと、山崎がふと思い出して言った。「的ちゃんだけだったんだよ。犬ソリをやるからおいでって誘ったときに、のこのこと来たのは」。「のこのこと行ったんだよねぇ」と私は言い、二人で笑った。のこのこと北極探検家について行って導かれたのは、北極のフィールドだけではなく、フィールドワーカーへの道だったんだなあと改めて思っている。

注

(1) 植村直己:1941年生まれ。登山家であり冒険家。1970年に世界初の五大陸最高峰登頂者となった。70年代中期からグリーンランド北西部を訪れ、エスキモーとの共同生活から犬ソリ技術を学び、1978年に犬ソリでの北極点単独行、グリーンランド氷床縦断を成功させた。1984年に北米大陸最高峰のマッキンレー冬季単独登頂を成功させたあと消息不明になった。

参考資料

・アバンナット(AVANGNAQ)プロジェクトウェブサイト http://www.eonet.ne.jp/~avangnaq/

6 これからの「南極フィールドことはじめ」

フロンティアを目指す人のための温故知新術

澤柿 教伸
SAWAGAKI Takanobu

憧憬の雪原に立ちて

1992年も終わろうとしていた12月、私は初めてこの目で南極をみた。当時のフィールドノートには、そのときの第一印象をよんだ和歌が記されている。

憧憬の雪原に立ちて夢果たし日高に眠る友と語らふ

私が生まれ育った富山県は、立山連峰を擁する山岳県として知られる。ヘディン、アムンゼンなどの探検記録を読んでは夢をふくらませる少年時代を過ごした私は、深く雪に覆われた水田の向こうに屏風のようにそびえ連なる山々の勇姿に、探検家たちが活躍した高山や極地の景観を重ね合わせていたものだった。隣町には、第1次南極越冬隊員として活躍された佐伯富男氏（故人）が在住されていたこともあって、南極の話を聞く機会もたびたびであった。中学生のときに、南極観測隊の草創期を題材にした「南極物語」という映画(注1)をみて感動し、どうやったら自分も南極にいくことができるだろう、と真剣に考えるようになった。以来、純白の氷雪に輝く立山連峰の向こう側に馳せていた憧憬は、白い大陸という具体的な目標へと固まっていったのである。

大学進学を考えるようになったころ、南極に一番近い大学で学びたいと思うようになった。高校の図書室で冒険や探検のノンフィクションを読みあさっていた私にとって、北海道大学、という選択肢が浮かんできたのはごく自然の成り行きであった。北海道大学は、極地研究や探検史の伝道師とも称される加納一郎氏を輩出していたことをはじめとして、南極観測草創期には、犬飼哲夫教授の指導の下で若き学生たちが犬ぞり訓練を引き受けていたし、実際に第1次越冬隊に選ばれた11人の隊員のうち3名もが出身者であったという大学である。わが故郷の英雄、佐伯富男氏も、同じく北大農学部で学んでいた。こういう先達の活躍を知るようになるにつけ、北大に行けば南極に行けるかもしれない、という期待を抱くようになったのである。

なんとか北大に入学することができて、すかさず山岳部に入部した。第1次越冬隊の北大三人衆が学生時代に籍をおいていたところである。憧れの彼らが使ってきた資料や道具が部室の棚に無造作に収められ、気軽に自分の手にとることさえできる、というリアリティに圧倒された。山岳部員としての活動のなかにも、計画の立て方や安全対策の検討方法に始まり、山での動作や振る舞いにいたるまで、これまで書物のなかで読むだけだったことが、実践として生きづいていることを実感した。それだけでもう極地へ向かう準備が始まったような気分にすらなった。

今から思えば、北大山岳部は1次隊以降も多くの南極観測隊員を輩出していて、後年には観測事業を推進するリーダー層に就くことになったOBも少なくない。山岳部の活動スタイルそのものが南極観測の運営形態に大きな影響を及ぼしているから、このリアリティは当然といえば当然でなのであった。

こうして、講義への出席もそこそこに、年間100日以上を山で過ごした。そのせいで卒業まで5

年かかってしまったけれど、山登りからは、講義以上に、大自然の素晴らしさとか極限の状態で生きぬく術などを学ぶことができた。

一方、勉学のほうでは、理学部地質学鉱物学科に進むことに決めた。映画「南極物語」には、南極から帰ってきた地質学者の主人公が北大を辞める場面があって、実際に私が卒業論文を書いた一室で撮影されている。現在は総合博物館の標本展示室となっているので、一般の方々でもその雰囲気を感じ取っていただくことが可能だ。ここにも、南極観測草創期の空気を感じることができるリアリティがある。

大学院に進み、本格的に研究を始めるにあたって、数万年前の氷河期から現在までの氷河の変化を地形学的に復元する研究テーマを選んだ。この研究は、高山地域や極地にでかけて行って、そこでの観察や試料採取などをおもな手段としている。野外に出かけることはそれ自体が大きな楽しみでもある。まずは修士論文のために、ヒマラヤや北極圏で野外調査を実施することになった。寒いところでの野外活動はもうお手のものだったとはいえ、学問的な視点で寒冷地域の自然をみる術は、このときに同行していた指導教員や先輩たちの手ほどきを一から受けたといってもよい。

ところで、南極といえば、だれもがまず雪氷・オーロラ・ペンギンなどを連想するだろうが、私が専攻したのはそのどれでもなかった。それは、歴史上の探検家と称される人たちの多くが地理学や博物学という分野で活躍していたことを、頭でっかちながらに知っていたからだった。残念なことに、北海道大学には自然地理学を学ぶことができる学部は伝統的に存在しない。そもそも米国流の開拓精神から始まった農学校に必要とされていたのは、フロンティアを切り開くための実学であり、帝国覇権主義的な自然史博物学ではなかったのである。入学してからそのことに気づいた私は、せっかく南極で研究するならあまり人がやっていないことをやってみるのも野心的だな、などと大風呂敷を広げることにした。北大出身の南極研究者に自然地理学者がほとんどいない、ということも逆に私の選択に自信をもたせてくれた。

そうして進学を選んだ大学院は、北大外から著名な教授陣を招致して設立された新進気鋭の独立大学院であった。この組織ができたことで、北大でもようやく自然地理学を専攻できるようになったといってもよい。私が師事した教授もそのような外からやってきた自然地理学者の一人だったが、私の南極や北大への思い入れは理解してくれて、博士課程の修行中にもかかわらず、南極で越冬することを応援してくれた。

当時、南極観測は国家事業であるとの建前から、関係省庁が所管する研究所や教育機関などに勤務し、国家公務員の身分を有する職員が南極に派遣される、ということになっていた。国立大学も当然そのなかに含まれていたが、学生は、国家公務員の身分を得るために、臨時に助手や技官として採用してもらう必要があった。教授は、臨時の身分を確保するために奔走してくれたものの、大学はその便宜を図ることに難色を示し、最終的には極地研究所の技官のポジションを借りることになった。それ以来、私は、国家公務員という職種に就くことに固執するようになった。

ちなみに、国立の大学や研究機関が独立行政法人化した２００９年以降、この条件は緩和されている。大学に関していえば、公立・私立を問わず、所属はそのままで、文部科学大臣の委嘱を受けて観測隊員として南極に派遣されるようになっている。また、正規の隊員としての委嘱を受けない「同行者」という制度が設けられ、大学院生などは、この枠で観測隊に参加することも可能である。

学術的な側面はあとからついてくるとして、北大山岳部に入ればなんとか南極への道が開けるのではないかと考えたのは間違いではなかった。すでにそこでは、自然地理学科がないという北大の欠損を補って余りあるほどの、地理的フロンティアを志向する集団が存在していたのだから。

本格的に山登りを始めてから知り合った友人たちには、同じように極地や高山に憧憬を抱くものもたくさんいて、互いに文献を紹介し合ったり、未踏の山岳地域を研究するグループをつくったりしていた。探検の勉強に疲れると、決まって夜遅くまで酒を酌み交わし夢を語り合った。そんななかで情熱とも信念とも使命感ともつかない底力になるようなものが熟成されていったのだろうと思う。夢にまでみた南極を初めて目の当たりにした私は、心のなかで「やってきたぞ～」と叫ばずにはいられなかった。友のなかには、志半ばにして登山中の事故で死んでいったものもいる。この感激を、ともに山に登り夢を語り合った仲間と分かちたいという思いが募った瞬間、冒頭の歌が思い浮かんだのだった。

先人の掌中で

私にとって南極で初めてとなった野外行動のハイライトは、ボツンヌーテンの調査であった。ボツンヌーテンとはノルウェー語の「奥岩」という意味で、標高約1０００ｍの大陸氷床に突き出した高度差約４００ｍの孤峰である(図1、写真1)。天気がよいと、昭和基地が位置する

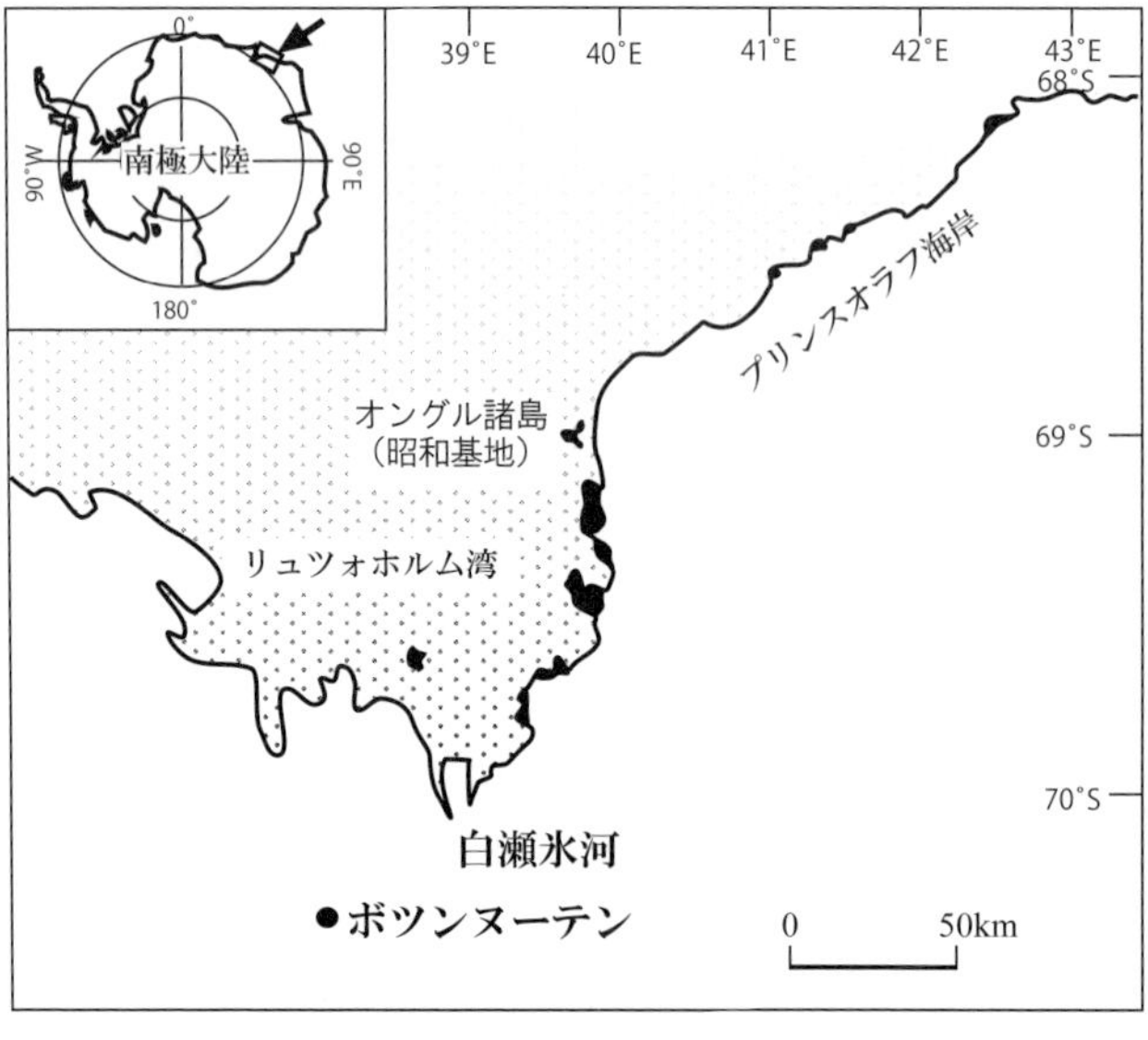

図1　私の調査地，南極昭和基地周辺

大陸氷床沿岸のリュツォホルム湾から、まさに湾の奥に鎮座する巨大な岩塔として遠望できる。われわれが訪れたのは、1次隊以来2度目のことで、じつに35年ぶりの訪問であった。1次隊は犬ぞりで、当時、準備も含めて何週間もかけて到達したが、われわれはもう犬ぞりは使えないし（1991年に採択された南極の環境保護に関する条約により、もともと南極にいない動物の持ちこみは禁止されている）、雪上車では時間がかかるので、ヘリコプターで麓まで行って頂上に登る計画にした。片道1時間ほどの飛行で到着してしまうとはいえ、ヘリコプターが行くのは観測史上初であり、しかも、大陸氷床上の孤峰の麓に着陸するとあって、砕氷船しらせの飛行科隊員の緊張ぶりは相当なものであった。

ボツンヌーテンの本体は、ちょうどマッチ箱を氷の上に立てたように、峰の四方のいずれもほぼ垂直な岩壁に囲まれている。頂上を目指すには、ほとんど垂直な雪壁を登攀しなければいけない。キャンプを出発してから5時間、ロープをのばすこと7回目にして、ついにわれわれは頂上に立った。そこはサッカーができそうなほどの平坦な台地となっていた。向こう側の縁まで行ってみると、その先は南極の風

写真1　ボツンヌーテン

が吹き抜ける空間しかなく、見おろした垂直な岩壁の先にテントが豆粒のように立っていた。

ザックのなかから携帯無線機を取り出して昭和基地によびかける。ここは昭和基地から直線で150㎞近くは離れている場所である。小さな無線機じゃ届かないだろうと思っていた。ところが「こちら昭和基地通信棟です」と応答してきたではないか。思わず興奮して「現在ボツンヌーテンの頂上にいます！」と伝えた。しかし意外にも返ってきたのは「了解」とだけのそっけない返事。われわれとしては、ついにやった、という感激を昭和基地の人々と分かちたかったのであるが、この登頂の意義について彼らはよく理解していなかったのかもしれない。さらには、たかだか1ワットの出力しか出せない無線機で、100㎞以上も離れた距離で交信できたということも快挙であったのに……。

一時間足らずの滞在の後、いつまでも頂上にいたいという名残惜しさを胸に帰路についた。下りはザイルを体にまとわりつけて制動をかけながら下降する懸垂下降を繰り返し、300mの壁を一気に下った。このボツンヌーテン登頂にいたるまで、ひと月半にわたって南極氷床縁辺部の調査行を続けてきて、ふと気づいた。われわれがヘリコプターで移動したこの範囲は、1次隊が犬ぞりによって切り開いていたロンティアを一歩も出ていないではないか！　しかも、彼らは30年も前に中央峰に登ってしまっている！

こうした新鮮で強烈だった南極初体験から20年の年月が経過し、この間に3度の南極観測隊参加を経験してきた。本稿を執筆している2013年の時点で南極観測が開始されてから57年目を迎えるから、その歴史のうちの後半3分の1くらいにかかわってきたことになる。最近では2011年12月から2012年3月にかけての夏の南極で調査を実施したばかり。3～4年の短期間に複数回の観測隊員を経験する人はままあるものの、私のように、20代半ば、30代の終わり、そして最近の40代半ばと、時間的にも偏りなくこの20年間の南極観測の変遷を見続けてきたというのは、極地研究所外の大学関係者にはそう多くはない。

2度目の越冬時は、ちょうど日本の南極観測が50年目を迎える記念すべき年にあたった。当時「日本南極地域観測50周年記念オープンフォーラム南極」が企画され、その記念イベントの出演者として宇宙飛行士の毛利衛氏・作家の立松和平氏（故人）・医師で登山家の今井通子氏の3名が20日間の日程で昭和基地を訪問した。その際、基地の主として訪問団一行のホスト役を担ったことは貴重な体験となった。以下では、これまでの私の経験をもとに、学生時代にはみえていなかった「大人の視点」も交えて、これからの「南極フィールドことはじめ」について参考になりそうなことを書き連ねてみたい。

フィールド活動と基地作業とのギャップ

沿岸部に位置する昭和基地周辺は、12月下旬から1月中旬にかけては、好天の日が比較的安定して続き、大地を覆っていた雪も融けて、植物のないむき出しの基盤岩が露出するようになる。テント暮らしで何日も調査を続けるフィールドワーカーにとって、日が沈まない南極の夏は、非常に快適な季節となる（といっても、これはあくまで沿岸部の話で、内陸部はこの時期でもマイナス30度前後の厳しい寒さが続いているのではあるが）。物資と交代の人員を積んだ砕氷船しらせ（写真2）がやって来ると、艦載のヘリコプターを使って広範囲の移動が可能になる。野外調査のため

写真 **2**　昭和基地に接岸した砕氷船しらせ
1993 年撮影.

の移動もヘリコプターの支援を受けて行われる。雪上車で行けば何時間も、ときには数日もかかるところを数十分でひとっ飛び。夏の間は海氷がゆるんで雪上車での移動は危険なので、ヘリが沿岸唯一の移動手段となるといってもよい。最良の季節をねらった輸送戦略もまた、文明の最先端を駆使した一大キャンペーンとなる。

調査対象となる露岩域に降り立つと、まずは活動拠点となるテントの設営を行う。頻繁に調査が行われるような場所には快適な観測小屋が整備されているところもある。しかし、夏の気候は穏やかであるとはいえ、ここは南極である。燃料や食料を自然から得ることなどまず不可能な世界だ。これらは十二分に用意しなければならない。ヘリで運搬するとはいっても、荷物の量は結構ある。テントや小屋のまわりの整理を終えるころには一汗かいているといった具合だ（写真３）。食事はもちろん自分たちで調理する。野外調査慣れしたフィールドワーカーには、キャンプ料理が得意な人も多い。

強風で野外活動ができない日もある、そんなときはテントのなかでゴロゴロしながら回復を待つしかない。ちょうど年末を迎えた日の野帳には

写真 3　キャンプサイトに運んだ野外観測機材と運搬に用いたヘリコプター
2012 年撮影.

雑音に耳澄まし聴く紅白の晦日の日本は地球の裏側

という歌が残されている。テントのなかで短波ラジオにスイッチを入れ、遠く日本から送られてくる紅白歌合戦に耳をそばだてていたときの歌だ。普段でも年末は決まって山に出かけていたとはいえ、南極の正月をテントで迎えるのは格別である。声が大きくなったり小さくなったりして、雑音の混じる紅白の歌声を聴いていると、はるばるここまでやって来たものだという実感が、しみじみとこみ上げてくる。

このような野外観測の現場から、昭和基地（写真4）やそこに接岸している砕氷船しらせへと帰還すると、同じ南極とはいえまったく様相を異にしていて、（基地さえも私には）すっかり文明のはびこる世界に感じられる。

風雪をしのぐ苦労から解放され、腕前のよいコックがつくってくれる食事にありつき、毎晩風呂に入って疲れを癒やす。その安堵感は絶大だ。一方、フィールドと違って、名前程度しか知らない隊員たちへの気遣

写真4　昭和基地全景
航空機から，2012年撮影．

いや、食事・入浴時間などの厳守、観測機材や環境保全のために定められた細かな内規などなど、基地あっての野外だとわかってはいても「キャンプのほうが気楽だったな」とついボヤきたくなるような、ある種独特の「社会性」にも慣れなければならない。

一方、砕氷船から直接昭和基地へ入った隊員のなかには、「とてつもない孤島に来てしまった」という第一印象もそこそこに、基地の充実ぶりに文明の香りを感じて胸をなで下ろす人も少なくない。登山家として野外活動をよく知り、医師として人間社会にも通じている今井通子氏は、昭和基地を訪れた感想のなかで、この微妙な感覚を「ここが厳しい自然環境下の学研の殿堂として人間が活動している基地なのかと感動。次に、剥き出しの岩盤上に膨大な数のドラム缶、各種アンテナ郡やドーム、と大小の形も不揃いな建物たちの点在を目のあたりにし、何らかの理由で地球全体が焦土と化した後、生き残った科学者らが通信だけを頼りに宇宙のどこかに救いを求め、建造物をつくりあげている未来基地、のような設定の映画のワンシーンをみる思いでした」と表現している。

このギャップ感は、前節で紹介したボツンヌーテンと昭和基地との交信の際のエピソードにも共通した感覚であり、現在の南極観測事業の実態を象徴的に物語っている一面がある。実際のところ、砕氷船が接岸して輸送作業が本格化している夏の基地はかなり忙しい。越冬中に比べて人口は倍増。上下水をはじめ、電力や食糧、はたまた寝場所に至るまで、生活のためのさまざまなインフラが許容量ぎりぎりの状態で運用されている時期だ。活動内容も、輸送、建築、土木工事、引き継ぎなど多岐に渡るため、全体像を把握するのは至難の業である。

そこでお互いの意思疎通や安否確認の頼りになるのが無線通信である。電話と違って、スイッチさえ入れておけば、どこかの会話の内容が同時に皆に伝わるから、それだけで基地内の活動をある程度掌握することができる。基地から離れたキャンプ地との連絡も無線が頼りだ。通信を担当する隊員は、緊急の呼び出しに応えられるよう常に交信を傍受しているが、その負担たるや相当のものだ。そうした夏の昭和基地の事情がわかってしまえば、ボツンヌーテンからよびかけたわれわれの無線コールへのそっけない返答も納得もできる。一方で、1次隊ゆかりの峰へ再訪をはたしたことや通信状況に思わぬ新知見が得られたことといった、好奇心や浪漫心をかきたてられる出来事も、基地運営の現実主義・効率主義の前には、ひかえめな主張とならざるを得ない。修羅場を通り過ぎてからでないと、本当の感動を分かち合う余裕は出てこない。これが観測隊の実情なのである。

探検と冒険と最新科学

私のお気に入りに、百年前当時そのままのスタイルで登山を試みる服部文祥の「百年前の山を旅する」という本がある。百年前といえば、北海道の山ではアイヌが歩いていたことだろう。私にとっても、いまだ原始の色濃く残る北海道の山々を歩き、そして南極観測創設期へとつながる黎明期の山岳部の登山記録を読むにつけ、昔の人たちはここをどう登っていたのか、と思いを巡らせることはしばしばであった。故郷の立山には、平安の昔から続く山岳信仰が残る一方で、近代アルピニズムを培ってきた、という対照的な歴史もある。著者の服部文祥氏は、「現代文明を遠ざけて、山を歩くことは、刺激的な経験だった」といい「山が文明に冒されていなかった時代の山登りを通して」「いにしえの山人の自然への接し方」に興味を示す。こうした服部氏の姿勢には共感するところが多い。南極にいても、1次隊のころと現在の自分とをつい重ねて比較してしまうのは、そのような指向の延長にあるともいえるだろう。

しかし南極は「百年前の山を旅する」のとは事情が違う。南極の南極たる決定的な要因は、生命の存在を一切寄せ付けない極限の環境にある。そこに人類の足跡が記されるようになったのはわずか百年前にすぎない。極限環境下でフィールドワークを実施するには、「現代文明を遠ざけ」るなど不可能。伝統とか自然との融合とか、そんなことはとてもいっていられない厳しさと対峙しなかればならないのだ。極点を目指していた探検の時代から、そこは、人類最先端の知識や技術と大自然との真剣勝負の場であり続けている。

先述の50周年企画で、昭和基地を訪れた立松和平氏は、「自然に優しく、というけれど、自然はわれわれには決して優しくしてくれるものではない」と、昭和基地周辺の自然を目のあたりした感想を述べていた。また、50周年訪問団の主役であった宇宙飛行士の毛利衛氏が、来訪の挨拶のなかで「宇宙空間への人類の進出は、フロンティアの拡大という意味では探検と冒険の延長であり、生命を寄せ付けない極限の環境への挑戦という意味では南極観測の延長にあるともいえる」と述べていたのが非常に印象的だった。同じ北大出身ということもあって昭和基地では懇意にしていただいたが、それをよいことに「最先端の人類の叡知で極限の環境に立ち向かってきた足跡をトレースする体験を重ねてきたのが、時間のなかに身を置く私のスタンスだと思っている」と考えを述べて気さくに意見を求めたところ、毛利氏に妙に納得してもらえたのも収穫であり，よき思い出となった。

毛利氏が挨拶のなかで使った「探検と冒険」という言葉には、南極観測事業黎明期にまつわる興味深い論争がある。じつは、タンケンの書き方には「探検」と「探険」の2通りがある。辞書をひくと「探検」と書いてあることが多い。「検」というのは、多分に、探査、内陸探査、地理的探検というような学術的な面に重きがあるニュアンスだ。「険」のほうはどちらかというと、冒険、危険をおかして何かやる、というニュアンスが強い。第1次南極観測隊が発足した契機となったのは、朝日新聞の記者、矢田喜美雄氏の提唱によるものだったが、氏が提唱したのは「南極学術探検」であった。一方、文部省は「険」の要素をたぶんに思い起こさせるこの名称に難色を示して「探検（険）には予算は出せない」と主張した。これが「南極観測隊の使命は、探検（険）なのか学術研究なのか」という論争へと発展したのである。その論争の当事者である永田武先生や、さらに極地探検の伝道者でもある加納一郎氏らの著書をひもといて、「険」と「検」とが当時どのように使い分けられていたのかをみてみるのも一興であろうと思う。結局は「南極地域観測隊」という名称に落ち着くことになったのだが、毛利氏がこうした経緯をどれほど意識していたかどうかは定かではない。とはいえ、私には特別の挨拶の言葉として脳裏に焼きついたのであった。

継続性と新規性

日本の「南極地域観測」は、縦割り行政との草茅危言を拝する国政のなかでも、統合推進本部とよばれる統括組織を頂点に抱く、類い希な部局横断型の国家プロジェクトの一つである。そのような連携型プロジェクトが成立した経緯そのものが物語として成立するほど特異なことなのであるが、その話は別に譲るとして、統合・横断型の事業も、開始されてすでに半世紀以上が経過し、すっかり業務として定常化していることは評価に値するだろう。逆にいえば、南極観測事業そのものには更新的要素はあっても新規的要素はほとんど残されていない、といえないこともない。行政の無駄遣いに対して厳しい目が向けられる昨今、その矛先は、南極観測とて例外ではない。外部評価に際しては、世界をリードする華々しい成果や新規性に南極観測の真価を問う声が大きいという。しかし実は、半世紀の積み重ねによる定常性にこそ、平和利用・科学主義・領土権凍結・非核主義を4つの柱とする南極条約の思想につながる地政学的な重要性がある。それに気づいていない目先の成果ばかりを要求するグローバリストが多いことは残念なことである。国家事業が半世紀にわたって蓄積してきたものは、個々の私的体験の単純和以上のものをかたちづくっていると私は思う。

一方、南極という環境の厳しさから、定常的に現場に滞在できる観測者やフィールドワーカーは制度的に皆無である。1年を通じて基地に滞在するわずかな越冬隊員ですら、越冬明けには次の隊と交代して帰国することが義務づけられている。つまり、各次の隊編成が同じだったことは、これまでにもなかったし、これからもあり得ないのだ。半世紀の歴史と伝統とともに制度としては定着し、一貫した定常観測も地道に継続されてはいるものの、実行部隊は常に中味が入れ替わっているという、一風変わった特徴をもつ事業だということは押さえておく必要がある。自分自身の研究テーマを携えて観測隊に参加しようとすることは、個々人の研究者にとって新しいフロンティアに飛び込んでいく体験そのものとなるといっても過言ではない。

途切れ途切れの南極滞在ではあったけれど、国内にいても絶え間なく南極観測事業に首を突っ込んできた。南極観測事情をとりまく時代や世相の変遷のなかに身を置き、初心者としての新鮮な体験から、ベテラン的立場までを体験してきたことになる。「ベテラン」には「熟練者」という意味の他に「帰還兵」「退役軍人」という意味もある。私にとっては、どの段階においても一人の研究者として参加してきたから、事業を推進・統括する士官というよりも、先任伍長ぐらいのつもりで外からの視点で南極観測隊を俯瞰してきたともいえそうだ（意外に知られていないことだが、日本の南極観測事業を支える砕氷船しらせは、海上自衛隊によって運用されている。昭和基地を往復する延べ5カ月間にわたる航海は、普段はまず触れることのない自衛隊式の生活に濃密に触れる機会となる。だから，ここでの組織論においてついつい軍隊的な例を引いてしまうのはご容赦願いたい）。その立場から、これから「南極フィールドことはじめ」に取り組もうとしているルーキーに助言するときは、個人的体験を越えたメタの視点を含めるよう心がけている。本稿でもそのつもりで、自分の実体験を語ることで、南極観測というフィールドワークに身を投じるその入口事情をくみ取ってもらうことを意図してきた。今井通子氏の言葉を借りて表現すると、以下のように例えられるだろう。

たとえば吹雪にあったとき、先発隊員は後発隊員に懇切丁寧に自分がたどったルートの状況を伝える。みえないという相手の立場に立って説明できるのは、みえないという状況を体験し、それを克服するために必要な情報となることをすっかり頭のなかにインプットできているからである。

昭和基地でのこまかな経験知の継承は、先発隊員と後発隊員がともに過ごす引継ぎ期間に直接伝えられることが頼りである。現場経験も豊富なはずの国内支援スタッフは、往々にして、ちょっと前までいた現場の感覚を忘れがちだし、毎年新規に編成される観測隊への伝達も、何度もくりかえしているうちにまだるっこしくなってくるという。正解はいくつもあるはずなのに、一度の成功体験がすべてと思ってしまう危険性も指摘されている。さらに，近年の基地の規模は大きくなり、統括者でさえ全体像の把握が困難になりつつある。

こうした諸問題を克服する一つの試みとして、私は基地内ＬＡＮにつながったサーバーにｗｉｋｉシステムを応用したナレッジデーターベースを構築して、最先端技術による「南極の温故知新」の継承を試みたこともあった。さらには，肝心の自然地理学を専攻するのに遠回りしてしまったことや、実際に血肉となって身についたのは山岳部での経験だったことなど、自身が経験した苦労の反省にたって、現在は、母校で「国際南極大学カリキュラム」の運営にも携わり、次世代の育成にもとりくんでいる。

最後に

大学選びに始まって職を得ることまで、人生の岐路において山岳部や南極から大きな影響を受けてきたのはいうまでもない。ボツンヌーテン登頂というハイライトに始まった私の南極調査歴も、こうして振り返ってみると、先人の足跡をたどることに終始してきただけとすら思える。

自分にとっては初めての地であっても、そこにはフロンティアを切り開いてきた人々の歴史がある。その過程をトレースする気持ちを大事にすることが本稿の主題となるようこころしたが、存命の方々との出会いや彼らから受けた影響から得た話題に終始してしまった。本来なら、現在進行形で南極観測でお世話になっている方々のほうを紹介すべきであったが、あまりにも生々しすぎるため、1次隊以前の我が英雄たちを挙げさせていただくにとどめた。また、この20年の間に他界された方々も少なくない。ことに残念なのは、北大理学部教授として自然地理学に傾倒されていた藤木忠美氏が昨年に亡くなったことである。藤木教授は山岳部のOBでもあったが、自然地理学科のない北大において、地球物理学的視点から北海道における地形学の育成に尽力された。その研究活動は孤独で苦闘に満ちていた、という中尾欣四郎教授の評もある。山岳部OBの内輪の会合で「最近の北大の地形学はどうなっている?」と若輩の私に心配そうに声をかけていただいた。それにまともにお答えできずに最後になってしまったのが悔やまれてならない。拙稿ながら本稿を藤木教授の御霊前に捧げたい。

注

（1）「南極物語」１９８３年に文部省特選として封切られた映画。悪天候に阻まれた南極観測隊が、やむなく15頭の樺太犬を昭和基地に置き去りにし、1年後に再訪した際にタロ・ジロの2頭が生き延びていた、という実際のエピソードが題材になっている。犬係を兼ねる地質学者を高倉健が演じ、渡瀬恒彦、夏目雅子、荻野目慶子、岡田英次らが共演。２０１３年には劇場公開30周年を記念してブルーレイディスクも発売された。

参考文献

・今井通子（２００９）昭和基地訪問の印象、「南極ＯＢ会会報」No.6, pp.10~11.
・澤柿教伸・神山孝吉（２００７）Wikiを用いた昭和基地内情報共有システムの試験運用：第47次南極地域観測越冬隊での事例、「南極資料」51, pp.258~272.
・立松和平（２００７）『南極で考えたこと』春秋社.
・辻田右左男（１９７７）地人論の系譜：A.Guyotと内村鑑三、「奈良大学紀要」6, pp.28~42.
・中尾欣四郎（１９８７）横山泉教授ならびに藤木忠美教授記念号の発刊に際して、「北海道大学地球物理学研究報告」49.
・服部文祥（２０１０）『百年前の山を旅する』東京新聞.
・山名伸作（１９６３）「地人論」と地理学、「香川大学経済論叢」36, pp.171~185.

Part III

フィールドワーカーとフィールド

現場と調査の相互関係

フィールドでの人びととのやりとりのなかから、調査テーマを見いだすとき。▼村びととの関係を、カメラを介し築いてきた丹羽。日本のゲストクリエーターたちと共に過ごすことで、ジェスチャー等によるコミュニケーションの広がりを学び、複数の眼、方法からフィールドワークのスタイルを作っていく。▼専門の異なる小西・門田・杉本の3人が意気投合し、佐渡で廃校プロジェクトを立ち上げた。地元の人びとと廃校利用をしようとし難航したとき、現地参加した「東京の大学生」の声が島民に響くことを発見、彼らを通じネットワークを広げることに。▼梅屋はフィールドに適応するまで時間を要したが、大学で社会学を学んだ二人の調査助手と出会い一変。彼らは梅屋と村人の仲介をつとめ、調査のやり方について議論を重ねた。誠意による協働調査の様子が彼ら自身による手記に表れる。

7 中国・黄土高原に「カメラマン」として住まう

カメラを通して複数の眼をとり込む

丹羽朋子
NIWA Tomoko

カメラをはさんで対話を仕掛ける

「中央電視台の記者か?」「日本から来たって? あんたスパイか?」調査地である中国・黄土高原の街場や農村をぶらつく私に、道行く人びとからこんな声がかかる。重たいレンズをつけた一眼レフを首からさげ、左右の肩にはビデオカメラと紐つきのフィールドノートを斜め掛けにしている。上半身を幾重もの紐で縛られたような私の姿は、テレビドラマで暗躍する女スパイには程遠いにしても、観光バスも通らぬこの僻地ではたしかに怪しく見える。

フィールドに入った当初は、彼らの問いかけに真っ向から、「文化人類学の調査」という目的を答えていた。だが「調査」と聞いた途端に、身構える相手との間に見えない壁が現れるように思われて、初対面の人の前ではこの言葉を封印するようになった。今では代わりに、「写真、撮ってもいいですか?」と軽く聞き返すことにしている。ここは中国、歴史的経緯から「日本人はお断り」と門前払いを食らうこともあるが、向こうのほうから「何を撮りたいんだ?」と尋ねてくれる人もいる。そんなときはすかさずカメラを構えながら、なぜ私が彼らに興味をもったのか、撮った写真を日本で誰に見せ、どう紹介したいのかを、日本との習慣の違いや自分の家族友人などの話も交えて朗らかに伝えて、相手の反応を探ってみる。

ここで重要なのは、撮った写真をデジカメのモニターに映して相手にも見せることだ。自分が写った画像を覗き込んだ瞬間、相手の表情がにこやかに変わるのがわかる。「なんだか私じゃないみたい」と照れながらも、不思議と警戒が解かれて対話が始まり、そこから撮る私と撮られる彼らとの共同作業が始まる。相手の気分がノッてきて、「この道具も撮っておくべきだ」「次は誰それの家を訪ねたらどうか」。ちょうど家族写真を欲しがっていた」と、撮影対象を逆に提案してくれようものならシメたもの。私のインフォーマント（情報提供者）には、このようなカメラを介した出会いから、協力関係が芽生えたケースが少なくない。

私はフィールドにおいて、「調査者」というよりも、現地で彼らが撮ってほしい写真を撮る「カメラマン」として、地域の文化や家族の軌跡の記録係という役割を獲得していった。撮った画像は街に出たときにプリントして村に持ち帰り、家々に届ける。ついでにその写真を見せながら、前回の訪問時に得た疑問をぶつけてみる。映像のイメージ喚起力は驚くほど豊かであり、何を質問すればいいかも定かでなかった時期に、フィールドのさまざまな写真を並べ、インフォーマントに自由会話してもらってデータを集めたり、口頭の質問だけでは「忘れた」と一蹴された過去の出来事について、視覚的なイメージを介することで、語り手の昔話スイッチがカチッと入ることもある。写真にはこれまで、ずいぶんと助けられてきた。

このような手法は写真インタビュー法（photo elicitation interview）とよばれ、文化人類学において多様に試みられてきた調査法だが、私がそれを知ったのは、調査開始からしばらく経ってからだった。そもそも人見知りの私は、中国農村に入る前は常に撮られるのも撮るのにも気後れし、写真は大の苦手。初めての予備調査に持参したのはオンボロのデジカメのみで、実際はほとんど写真を撮れなかった。本章では、そんな私が大小のカメラをさげて、（良くも悪くも）撮影という行為や写真の力に誘導されながらフィールドに入り、自分なりの役割や調査の仕方を手探りした過程を振り返ってみたい。

陝北《せんほく》の切り紙「剪紙《せんし》」

私は2008年から中国の西北部、陝北（陝西省北部）とよばれる地域（図1）で、農家の女性たちを対象に調査を行ってきた。フィールドワークの拠点である延川《えんせん》県は、黄河上中流域に広がる黄土高原のほぼ中央に位置し、人びとは起伏の激しい山谷に横穴を掘った伝統住居、「窰洞《ヤオトン》」に暮らす（写真1）。穴居と聞くと原始的で不衛生と思われそうだが、夏涼しく冬暖かなこの土の家は思いの外心地よく、とくにアーチ形の高い天井の下、温いオンドルの寝床で過ごす冬の夜は、まさに大地のただ中に抱かれる至福の時間だ。

窰洞は正面に美しい格子窓をもち、そこが唯一の採光部となる。障子が貼られたこの窓は、伝説上の動物から日々の暮らしの風景まで、じつにいろいろな図柄の切り紙「剪紙《せんし》」で飾られ、陽が差し込むとステンドグラスのように美しい影を室内におとす（写真2）。剪紙は正月飾りや婚礼用の装飾であり、農家の女性たちは農閑期の楽しみを兼ねた家事仕事としてこれをつくる。鋏で切り出される多様な図案や材料の「紅紙」の赤色は、吉祥祈願や魔よけの意味をもつといわれ、文

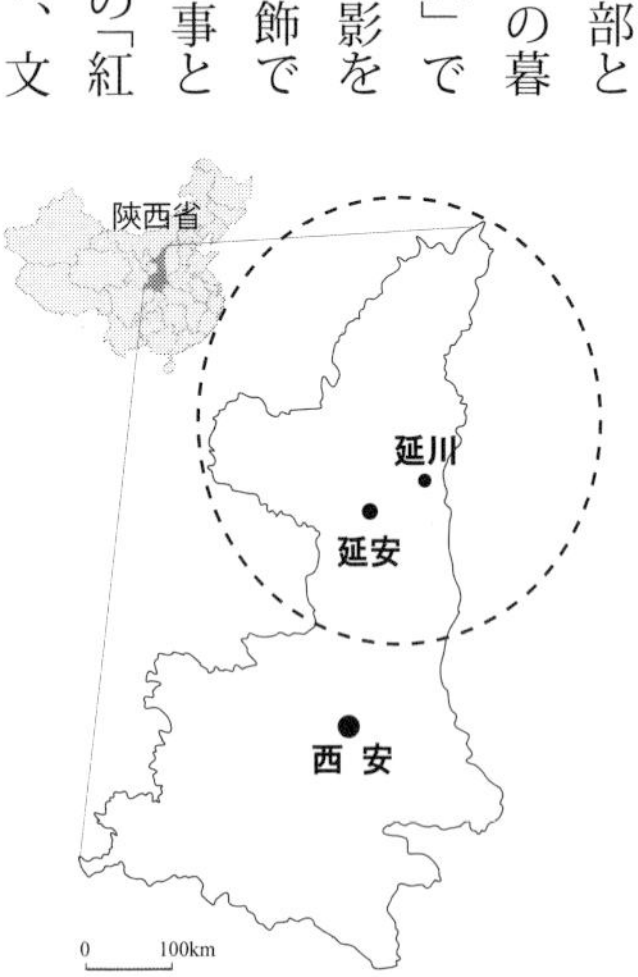

図1　私の調査地，中国陝北（陝西省北部）地域

字を読み書きできない女性たちが思いを託す媒体でもある。また、手作りの靴や枕、衣服の刺繍の型紙として使われるなど、いわばこの地域の女性たちの手が生み出すかたちの原型といえるものだ。この他にも葬礼で使われるさまざまな紙の造形物や、歌や語り物などの声の文化、あるいは政治宣伝《プロパガンダ》との結びつき……と、陝北の剪紙をめぐる人とモノの世界は多岐に及ぶ。

写真 **1**　旧正月（春節）を迎えた，黄土高原の窰洞住宅

写真 **2**　窰洞の格子窓に貼られた春節飾りの剪紙「窓花」

私はこの剪紙を中心に、暮らしに息づく「民間芸術」のあり様や、模倣や訓練によって習得される身体技法、そこに反映される世界観や民衆の記憶などについて、おもにインタビューと参与観察とよばれる手法で調査を行っている。私の研究でとくに後者が重要なのは、切り紙や家事仕事をするとき、作り手の女性たちは通常、かたちの意味や技法を言葉で説明しないものであり、制作や暮らしの実態を知るのに、インタビュー調査が不向きだからだ。そこで重宝するのが前に述べた、調査で撮った写真や動画である。剪紙は同じ題材を切っても、少しずつ異なるかたちができあがる。毎日の制作過程や暮らしを撮影した映像を後から見比べると、その場にいた私も調査対象者自身でさえ意識していなかった違いや変化が、写し出されることがある。調査映像をインフォーマントと一緒に見ながら対話を重ねることで、彼女たちは自らの発見や想起したさまざまなことを、私に伝えてくれる。

このようなやり方は、決して調査前から計画していたものではない。私のフィールドの入り方、そこでの経験から着想を得て、試行錯誤した結果だといっていい。現代の文化人類学のフィールドワークは、研究者が単独で現地に入り、予備調査を通じて適した調査地を決定して一〜数年間滞在するのが一般的だ。ところが私は、縁あって中国の現代アーティストや日本の写真家や造形作家とともに現地に赴いた。今振り返れば、一緒にフィールドに入って去って行った彼・彼女たちの、複数の眼を取り込むことから、私の調査は始まったのかもしれない。

フィールドを見る複数の眼

シナリオのあるフィールドワーク――現代美術家たちの映像記録

じつは、陝北に入る以前の私の研究計画では、調査対象は別にあった。それは北京のある現代美術家たちによるソーシャル・アートプロジェクトであり、その舞台が陝北の延川県だったのだ。彼らは２００４年に当県の全村をまわって、延べ一万点以上の「普通の農民」が自由に切り出した剪紙を集めるという大規模調査を実施し、この「田園考察《フィールドワーク》」自体を一つの芸術活動として展示するという「作品」で、国内外の注目を集めていた。当時、隆盛しつつあった芸術と人類学の協働や、地域住民を巻き込み展開するプロジェクト型のアートに関心をもっていた私は、友人から紹介された彼らの展覧会図録を見て興奮し、すぐに北京にコンタクトをとった。

２００８年の旧正月（春節）明け、彼らが運営するギャラリーで、剪紙調査プロジェクトの活動記録展を見る機会を得た。会場の大壁面には剪紙の切り手ひとりにつき一枚作られた、Ａ５判サイズの「調査票」が数千点、隙間なく並んでいる。周囲には調査風景を撮った写真群や動画記録が配されて、見事なインスタレーション作品をなしていた（写真３）。「調査」の過程を視覚化したかのような壮麗な展示に魅せられた私は、自らも加わって彼らの「調査」を住み込みで調査したいと申し出た。はじめは「外国人が自由に行けるような場所ではない」と断られたが、三日通って頼み込み、彼らが継続企画として開始したばかりの、延川県の小中学校における剪紙教育プロジェクトの調査者として、受け入れが認められた。翌日の夜行列車に飛び

写真３　北京でみた剪紙調査プロジェクトの展示の一部
調査票は，左に氏名や年齢・学歴・職業等の記入欄，
右にひとり１点の剪紙が貼られている．

乗り、ようやく私のフィールドワークが始まったのである。

北京のアーティストたちは延川には常駐しておらず、当初の３カ月間、私は現地スタッフのフォン（馮）さんを手伝って、北京からの指示に合わせて授業風景の撮影を行った。ところが教室に撮影機材を持ち込むなり、子どもたちの好奇の視線を浴びてしまう。カメラを向けるたびに、被写体となる彼らとの間に緊張が走る。人類学の調査は、現場への参加を通じた観察データ（参与観察）を重視するが、撮影に不慣れな私が構えるカメラの異物感は、授業という場への「参加」自体を妨げた。私は状況を打開するべく、目星をつけたクラスに通い詰め、自らも時折一緒に剪紙を楽しみながら、子どもたちにカメラをもつ私という存在に徐々に慣れてもらい、プロジェクトの経過記録に努めた（写真４）。私自身の剪紙の腕は、子どもたちのようにぐんとは上がらな

写真 **4**　小学校での剪紙教育プロジェクト

かったものの、そこで感じた技巧の難しさや手の痛みなどは、撮った映像を補完する重要なデータとなった。また、剪紙について自らの「手」で考えたことは、撮影の焦点を定めるのに有効に働いた。

待ちに待った北京のアーティストたちが、現地調査に来た日。驚いたことに、調査に来た四人は各々の手にカメラを掲げて私のほうに近づき、出会いがしらにシャッターを切った。初対面の挨拶が二の次だった不躾さへの憤慨よりも先に、私は自らの一部をもぎ取られていくような恐怖を感じた。その後も彼らの調査では、執拗なまでにすべてが写真や動画で記録された。プロジェクトを最終的にインスタレーション作品として展示するためには、実施過程のあらゆる視覚的なイメージの断片を集積する必要があるのだという。短い滞在期間、調査隊は授業の一部を撮影し、子どもや教師に二言三言インタビューしては、また別の教室や学校へと忙しなく移動する。「それでは授業の観察記録にはならない！」と私は疑問を感じたが、調査から外されるのを恐れてその場で反論はしなかった。だが彼らのやり方に対する私の違和感は、プロジェクトリーダーの次のような発言で決定的となる。「街の裕福な役人の子どもがつくる剪紙と、農民の子どもがつくる剪紙は明らかに後者のほうが素朴で生き生きとしているはずだ。そういう違いを、きちんと映像に収めなきゃならない」。

彼ら自身が生徒といっしょになって鋏を握って紙を切ることはなかったし、そもそもあらかじめ決まったスケジュールを急ぎでこなす彼らが、撮影やインタビュー調査以外の暮らしの時間を、現地の人びとと共有することは稀だった。それは、私が親しんでいた人類学の参与観察の手法とはあまりにもかけ離れたものだった。子どもたちの剪紙は、「フィールドワーク」をアートにするという活動のなかで、社会問題をあぶり出すためのひとつのツールのように扱われた。それらは調査の記録映像とセットにされて、アーティストたちの「作品」の意義を強化し、想定した仮説を立証する材料として、「フィールド」から切り取られていくように、私には感じられた。

調査を進めるにつれ、本プロジェクトにかかわる現地の教員や生徒、剪紙の作り手などが、都市の美術館やギャラリーで行われる自分たちの剪紙の展示を見たり、その報告を受けたりする機会がないこと、成果や経験の共有の仕方の偏りにも、私はやるせなさを覚えた。「北京の奴らは持ち去りっぱなしだ」という延川の人びとの不満は、そのまま外国から調査に来ている私にも向けられているようで、重く心にのしかかった。子どもたちへの剪紙教育自体は意義ある試みではあったものの、結局、私自身はアーティストたちとの協力関係や自身の立ち位置に思い悩んだ末に、調査対象を、農村女性を担い手とする陝北の民衆文化へと軌道修正して現在に至る。

このアートプロジェクトへの「調査者」としての参加は、カメラが略奪的な道具になり得るという苦い経験として、私のなかに刻み込まれた。スーザン・ソンダクは名著『写真論』のなかで、「人々を撮影するということは、彼らを自分では決して見ることがないふうに見ることによって、……彼らを犯すことである。それは人びとを、象徴的に所有できるようにしてしまう」と述べている。撮影をめぐるこの厳しい指摘は、すべてのフィールドワーカーが肝に銘じるべき教訓であろう。そもそもフィールドワークにおいて「採った」り「撮った」りしたデータは誰のものなのか、記録者がそれを自社会に持ち帰って使うとはどういうことなのか。この問いに、私はその後も突き動かされていくことになる。

言語の手前のコミュニケーション

なにもここで私は、大上段に人類学の参与観察が最良の方法だとか、調査で撮影することの倫理をわきまえよ、といった話を展開するつもりはない。シナリオ仕立ての調査も、調査のやり方のひとつだろう。だが、こうした人びとのなかに生きている芸術を調査するのに、北京のアーティストたちのやり方は、彼らの「作品」づくりには役立っても、剪紙と人びとのかかわりがもつ、なにか大事なエッセンスをそぎ落としてしまっているとはいえないだろうか。そして私自身はそうではないやり方を、日本から来たゲストとのフィールド滞在中に、学んだのである。

初めて陝北に行けると決まったとき、私はすぐに日本のある友人に連絡を入れた。彼女、造形作家の下中菜穂さんは、二週間後、写真家の小松義夫さん夫妻らとともに、極寒の黄土高原に降り立った。小松さんは世界各国の民家を撮影してきた建築写真家で、中国の窰洞を撮りたいのだという。こうして、調査地に入ってまもなく、日本人クリエーターたちを連れだっての珍道中が始まった。ちなみに、一行のなかで中国語（共通語）を解すのは私だけだった。

前述のアートプロジェクトの現地スタッフ・フォンさんは、地元のカメラマンでもあり、日本から著名な写真家が来ると聞いて色めきだった。一行が滞在した十数日間、とっておきの絶景を案内してまわり、プロの写真家から撮影の技を学ぼうとじっとみつめて、必死に同じ構図を真似たりしていた。撮影に協力した人びとは、貫録ある風貌の小松夫妻が、撮影した家の住人の名前と住所をノートに丁寧にメモし、後から写真を送るといって、握手やお辞儀で感謝の気持ちを伝えたことに心動かされたようだった。また、日本の伝統切り紙に造詣の深い下中菜穂さんは、日本から型紙と和紙を持参して、訪ねた村々で女性たちとともに鋏を握り、互いの切り紙を見よう見まねで切り合った。村の女性たちは「日本のは簡単すぎるよ。私たちのはね…」と、自らがどのように複雑なかたちを生み出すのか、口々に剪紙自慢を始める。鋏と紙を手にした下中さんのまわりは終始、興味津々に集まってくる女性たちの笑顔で囲まれた。

互いの言語のオノマトペ（擬音語や擬態語）を、ジェスチャーや物を指さしながら表現し合う遊びも彼女のアイデアだった。紐を引いて電灯をつけ消しする、あるいは紙を手で丸める動作にあてた日本語の擬音語、「パチッ」、「クシャッ」といった言い方は陝北方言には存在せず、宿泊した農家の家族みんなが覚えて大流り。他方、私たちは彼らが色を表す、リズミカルな言葉の語感に魅せられた。夜の闇の漆黒を表す「ハドォンドォン」、真っ青な空の色を指す「ラックァワァワァ」など、乾いた黄土一色に包まれた大地に立ってこれらの音を発すると、鮮やかな色そのものが身体に染み入るように感じられる。単なる言葉の意味の伝達を超えた、身体を投げ入れて人々と交流するフィールドワークの醍醐味が、そこにはあった。まさにこのような経験のなかにこそ、剪紙などの民間芸術を理解する鍵があると思われた。

日本のクリエーター一行とフィールドの人びととの、言語の手前にあるコミュニケーションは、インタビューでの言語理解に頼りきっていた私にとって、五感や想像を働かせて、互いに学び（真似し）あいながら共感や差異をみつける相互理解の仕方として、強烈な印象を残した。下中さんはその後も二度ほど陝北を訪れ、言葉を介す代わりに身体でフィールドと交感しながら、数千枚もの写真を撮影して見せてくれた。窰洞で暮らす女性たちの、剪紙で紙を切る手と、料理で小麦粉を捏ねる手の使い方がつながっていること、家々の間を通る黄土の道に現れては消える、たくさんの生き物たちの足跡のかたち……私には見えていなかった（そして現地の人びとも口頭で説明しないような）じつに多様な事象を捉える彼女の眼と感覚を、その写真やスケッチから教えてもらった。

フィールドワーク初期にともに現地に入った、北京のアーティストや日本からのゲストといった外部者たち。その振る舞いや視角を、ときに反発し、ときに驚きをもって吸収していったことが、私の調査の土台となった。特に、写真の撮り方や用い方を通じた、現地の人びととの関係構築や、言語だけに依らない観察と分析といった手法は、その後の私の研究を大きく方向づけることになる。

「カメラマン」としてフィールドに住まう

サンワー村で遺影を撮る

日本人一行の滞在は、私にもう一つの置き土産をくれた。彼らが延川を発つ数日前、フォンさんが「どうしても見せたいものがある」と、道の凍結の危険を押してある村に連れて行ってくれたのだ。日が落ちてから到着した私たちを待っていたのは、鳴り響く銅鑼やラッパの音、そして無数の行燈の明かりの隊列だった。突如目の前に現れた、動物や花々の素朴な剪紙が貼られた行燈の光の美しさは、今も忘れられない光景だ（写真5）。私たちは光に導かれるままに村に足を踏み入れ、彼らの踊りの輪に加わった。

この村はサンワー（桑窪）村といい、彼らの踊りは、春節を祝って演じられる「秧歌《ヤンガー》」という歌舞だと知った。村人たちは遠く日本から来た客人をもてなすために、時期はずれにもかかわらず道具を修理して、練習してくれたのだそうだ。村の長老が代表して歓迎の意を歌に詠み、節をつけて披露すると、今度は私たちの番だ。ひるむ私を察して、一行の「長老」小松義夫さんが村の長老を真似て、いかにも恭《うやうや》しい日本語で返礼の挨拶をしてくれた。宴会が始まると、村の女性たちは、自らと同世代の下中さんたちを、子を産み育てた戦友として敬意と親近感をもって歓待した。「君だけだったら、村総出で秧歌《ヤンガー》でお出迎えなんてありえないよ」。フォンさんの一言に、私は自分が未熟な小娘であるのを思い知らされた。

ところがこのときの縁で、アートプロジェクトの調査を止めて農村でのフィールドワークを希望す

写真５　日本人一行を迎えてくれた秧歌隊の，剪紙つき行燈

る私を、サンワー村の長老、マオ（毛）さんが自宅に住まわせてくれるという幸運に恵まれた。私はマオ家の窰洞の子ども部屋で、嫁いだ三女の代わりの新しい「娘」として、一人の妹と時折訪れる姪っ子に交じって寝起きを始めた。

薪で火を炊くのも、小麦粉料理も畑仕事も不得手な娘＝私だったが、必死で村での役割を探した。人生の経験不足を逆手に取り、村のお母さんたちに子や孫になった感覚で、自身の人生相談をしつつインタビューを重ねる。家々を訪ねまわるうちに、私に頼みごとをしてくれる村人も現れ始めた。おもな依頼は、家族写真と遺影の撮影だ。サンワー村の人びとが自宅で写真を撮る機会は少ない。写真とは一般的に街の写真館や旅した都会で撮ってもらうものであり、お年寄りはまだ身体が動くうちに街に生涯最後の肖像写真を撮りに行く。彼らは持ち帰った写真を生前から窰洞の壁に飾り、日々自身の遺影を眺めなが

写真 **6**　自らの遺影を眺める老夫婦

間に座っているのがマオ長老.

ら暮らすのだが（写真６）、たしかに本人たちが訴えるように、写真館で撮った写真の多くは緊張で表情がこわばり、照明も不自然でお世辞にもいい写真とはいいがたい。そんなわけで、小松さんたちに触発されて一眼レフを手に入れた私が、通い慣れたお年寄りの自宅窰洞の前で撮る遺影は、「本人らしく自然に写る」と村でちょっとした評判になった。

老夫婦の遺影撮影では、ツーショット写真にもチャレンジした（写真７）。現代の若者世代の恥ずかしいほど親密な新婚写真とは異なり、老夫婦は二人きりの写真さえほぼ未体験だ。照れる夫婦を近づけて写真を撮っていると、若かりしころやかつての厳しかった男女関係の話に自然と花が咲く。そのなかには、私のほうからインタビューを仕掛けてもなかなか聞き出せない類の、貴重なデータとなったものも多い。

写真７　人生初のツーショット写真を撮る老夫婦
少々身体がこわばっているのもご愛嬌。

カメラを通して彼らの「フレーム」を知る

「君が撮る窰洞の写真はなんだかとっても気持ちがいいね。今度、撮影を手伝ってくれないか？」ある日、私のサンワー村の写真を見たフォンさんから、お声がかかった。私は村の調査と並行して、町に住むフォンさんの家に寄宿し、冠婚葬祭などの撮影仕事を請負う彼のアシスタントとして同行するようになった。陝北では数年前から、婚礼の動画撮影と同様に、お葬式映像を残すのが通例となっている。また経済発展にともなって一族の有力者が中心となり、族譜と呼ばれる宗族の家系図の出版が盛んなのだが、これに収録する祖先供養の儀礼写真なども多い依頼だ。

ところが葬礼撮影への初の同行で私が自由に撮った写真は、フォンさんに酷評された。「これじゃあ誰が参列してくれたのか、わからない」。「君にとってはどれも同じ食事でも、当事者にとっては全部が違うんだから、ちゃんと撮らないと」。私の写真は、客にとって必要なものが写っていないというのだ。私は現地の冠婚葬祭ビデオや族譜を撮影者目線で改めて見直し、これらの映像記録には撮るべき場面、そのフレーミング（撮影画面の範囲と構図）、映像のつなぎ方など全般にわたって、いわば現地流の定型があることを理解していった。師はフォンさんや既存の映像だけではない。「カメラマン」である私にとって、調査対象であり雇い主でもある被写体自身の指示も、重要な手がかりとなった。

たとえば、棺桶を山の埋葬地に運ぶ葬列の場面では、カメラマンは誰よりも早く山道を駆け登り、上から隊列全体が画面に入るようシャッターを切らねばならない。参列者の数は、喪主である故人の息子の権威や人望を反映するため、できるだけ列が長く見えるように撮るというわけだ（写真8）。その後は葬列に近

写真 **8**　依頼主の指示で撮影した葬列の写真
楽隊を先頭に，故人の木棺，参列者の行列が続く．

づいて、故人の子や孫などとともに、喪主から見た母方親族の姿をしっかりとおさえなければならない。宗族の祖先供養の撮影でも同様に、私が調査者として興味を惹かれた、儀礼を取り仕切る風水師の動向や手元の撮影に熱中していると、「おい！」と呼び戻され、逆に儀礼を眺める参列者の方を遠景でとらえるよう指示される。族譜に写真を収録する際、参列者の並び順などが重要な意味をもつことも習った。このような撮影はまさに、人びとがこれらの出来事をどのようにとらえているのか、その言語化されない部分を、現地に生きる彼ら自身の「フレーム」を通して、彼らに学ぶ過程そのものだった。

他方、窰洞の室内に落ちる格子窓の美しい陰影や、供物が燃やされて煙とともに消えゆく間際のはかない物質性、儀礼の料理づくりのリズミカルな音などを効果的に取り入れた私の映像は、依頼主やフォンさんに、現地の人は撮らない新鮮な挿入ショットとして、驚きをもって採用された。撮影仕事を通じて培われた、物や音と人々との関係性、あるいは儀礼が行われる冗長的な時間それ自体への関心は、その後、私自身の研究テーマや、剪紙の制作に関する調査に活かされていった。

フィールドワーカーは一見、自らの眼で対象を把握し、分析を行うかにみえる。だが、目の前で起きては消えゆく茫漠とした出来事のなかから、何ものかをとらえる視角は、むしろ他者の眼を取り込みながら、徐々に養われていくものなのではないか。私の場合は、フィールドをともに経験した他の調査者や日本からのゲストたちから、シナリオに回収されない部分にこそ発見があることや、五感を駆使してフィールドと交感するフィールドワークの醍醐味を教わった。このような気づきはさらに、カメラをひとつの触媒として、現地の人びととお互いのフレームを学び、感じ合いつつ、経験を共有するという、私自身の調査スタイルそのものを形づくっていった。写真とはいうなれば、そうやって少しずつ築き上げた眼や、調査で出会う人々との関係性を映し出す、鏡のようなものなのだ。

「うちの窰洞で撮っていった写真、いつ持って帰ってきてくれるの？　今度はあんたの家族の写真も持ってくるんだよ」。日本に帰国した後も時折、フィールドで繰り返し聞いた、サンワー村のおばさんの言葉が脳裏をかすめる。写真とは私にとって、村の人びとと、と、も、に積み重ねたフィールドワークの成果として、（とくに文字を解さない人びととの）最も手近で見えやすい共有物であるとともに、互いの個人的な記憶や思いをつなぐ鎹《かすがい》でもある。

さて、次はどんな写真を携えて、フィールドに入るとしようか。

参考文献

・Collier& Collier (1986) Visual anthropology: photography as a research method, University of New Mexico Press.
・丹羽朋子（２０１１）かたち・言葉・物質性の間―陝北の剪紙が現れるとき、床呂郁哉・河合香吏編『ものの人類学』京都大学学術出版会、pp.25~46.
・丹羽朋子・下中菜穂（２０１３）『窓花／中国の切り紙―黄土高原・暮らしの造形』エクスプランテ.
・ソンタグ、スーザン（１９７９）『写真論』近藤耕人訳、晶文社.
・箭内　匡（２００８）イメージの人類学のための理論的素描―民族誌映像を通じての「科学」と「芸術」、「文化人類学」73-2, pp.180~199.

8 「協働」を生み出すフィールド

廃校をめぐる研究・開発・教育のはざまで

小西 公大・門田 岳久・杉本 浄
KONISHI Kodai / KADOTA Takehisa / SUGIMOTO Kiyoshi

子どもと大学生でにぎわう廃校

2010年8月半ば、お盆で多くの親族が「本土」から帰ってきて普段にないにぎわいをみせる佐渡島の二見地区。廃校となって10年以上も経つ木造校舎の2階の教室から予鈴を告げる鐘の音が長い時をへて再び鳴り響き、子どもたちが一斉に教室から飛び出し、体育館へと向けて走り出した。そのあとを東京の大学に通う若者たちが追いかける。小学生たちの底知れぬ体力に翻弄されながらも、大学生たちは汗だくになって遊ぶ。子どもたちは、はじめはどう接していいかわからなかった「東京の大学生」たちに、それぞれ勝手なあだ名をつけ、大声で呼びつけている。「集落の廃校舎に、子どもたちの声が復活した」。集落の方々も笑顔で駆けつけてくれる。天井は腐り、給食室はもの置き場になり、理科室にはホコリがつもっていた旧二見小学校の再生に向けた、最初の一歩を踏み出した瞬間だ。

図1　私たちの調査地，佐渡島二見地区

この情景は、プロジェクトの始まった最初の年の夏休み、首都大学東京の学生たちとともに行った二見地区における「夏学校」のものだ。地元の小学生と東京の大学生が一緒になって勉強し、遊ぶ。それだけのシンプルなこの行事は、今年（２０１３）年で4度目になる。廃校舎の利用に向けた、われわれのプロジェクトの事業の一つだ。この小学校を拠点に、コミュニティ・ビジネスの方途を模索する事業も２０１２年から開始されており、よりいっそうのイベントの拡大が期待されている。

筆者ら3名は、この「廃校プロジェクト」という名の活動を進めてきたコア・メンバーだ。ただ、われわれ自身も、このプロジェクトをなぜ発進させ、これまでの労力とお金をつぎ込んできたのか、明確な理由を見いだせていない。共通した崇高な目的を掲げて集まったわけではないが、かといって問題意識が存在しないわけでもない。その都度直面する問題に対応するだけで精一杯だったともいえる。だが、時に芸人トリオのネプチューンの関係に相似するといわれ続けたこの三人組が、いまだに活動をともに継続していられるのは、一つには「始めてしまったからにはあとに引けない」という思いと、「やればやるほどおもしろいものがみえてくる」という、尽きせぬ興味と開眼の感覚によって突き動かされているからだろう。

本章は、本プロジェクトのこれまでの成果を声高に主張するものではなく、まして成功事例として称揚したいわけでもない（何をもって「成功」とするかなど、基準などないのだ）。ただ、それなりの人びとを動かし、影響を与え、与えられてきたという実感は、ある。ここでは、短いながらも本プロジェクトの軌跡を辿ることでみえてくる、人がつながっていくことのおもしろさと、ちょっとした実践上の有益な情報を提示してみたいと考えている。

廃校プロジェクトとは

実際にプロジェクトの軌跡を描く前に、本プロジェクトの特質を簡単に述べておきたい。「廃校プロジェクト」とは、全国で増殖し続けている（おもに小・中学校の）廃校舎を再活用することによる地域振興のあり方を、研究のみならず実践的な方途を通して模索していこうとする活動だ。特徴的なのは、地域開発に関する学術的研究と、開発にかかわる多様なアクターを結びつけつつ自らも参加し行動する実践活動、さらには（調査実習という名の）大学における学生教育という3つの営為を同時進行で行っていくことだ。こうした特徴を有しているため、必然的に多様な属性をもつ人びとと交流をもつことになる。地元の方々、行政の偉い人たち、開発にかかわる有象無象のアクター、関東近辺で生活をする大学生たち、などなど。地元の方々といっても、Iターン者のように外部から入ってきた人びとや、現地で研究活動をする知識人、地元の活性化を本気で考えている地域リーダー、そして地域振興にまったく関心のない人びとなど、あらゆるポジショナリティをもった人びとが含まれる。これらのあまりに多様な人びととの共同作業のなかから、地域振興に関するコンセンサスへの大きなうねりを作り上げることができればいいのだが、ことはそう簡単ではない。そもそも、別個の価値観をもった人びとを同じ方向に導くなどというのは、どだい無理なことなのだ(それは宗教家の仕事だ)。

しかし、この人びとのひとりとして欠けてはならないという意気込みはもっている。フィールドワークという手法に利点があるとするならば、こうした複数のアクターたちをつなぎあわせ、別々の思惑をもちつつも〈協働〉ができる場を作り上げるために、実際に赴き、膝を突き合わせて対話し、その都度の情感の交流を可能にさせることにあるだろう。しかし、このことを語るには、あまりにこのプロジェクトは短い期間しか経っていないし、道半ばどころかスタート地点をうろついている状況なのかもしれない。したがってここでは、短いなりに右往左往し、試行錯誤・創意工夫しながら見えてきた、ほんの一筋の希望を提示するにとどまるだろう。とくに、学生たちへの教育活動を結びつけることで得ることのできた〈協働〉への可能性に触れることになる。ただこのことは、これまでのフィールドワーク実習における教育効果や方法論に関する議論に、多少なりとも新たな光を投げかけることになるだろう効果に関するものなのだ。

まずは、われわれ三人の出会いからみていこう。

三人の出会い、そして活動開始

始まりは唐突に

そもそも「佐渡の廃校舎を研究対象にする」という案は、卒業論文のテーマとしておもしろいので、ぜひやってみるようにと杉本が授業中に学生に勧めたときに生まれた。2007年春学期の「日本研究」（東海大学）だった。インド近代史を専門としていた杉本は、それまで日本をまともに研究したことはなかったが、当時生活のために、誘われた科目はすべて引き受けなければならない類の非常勤講師だった。急遽考え出した授業計画は、自身の出身地である佐渡島を中心に授業を展開すること、自分が生まれる前の時代は扱わないこと、の2点をもとにつくられた。

授業が進むなかで、1970年前後の佐渡に現れた廃校舎が、太鼓集団の合宿所や博物館などに転用され、ユニークな活動の拠点になっていることに気づくことになった。そこで、対象地域と時代をさらに広げ、廃校舎の転用のされ方を精査すれば、別な角度からもう一つの日本現代史が描けるのではないかと妄想し、学生たちにぜひ研究するようにともちかけたのだ。しかし、学生たちの反応はあまりに薄かった。履修学生たちはみな国際学科に属していて、日本の片田舎にある廃校舎は彼らの卒論の研究対象になり得なかったのだ。

ちょうどこのころ、インドをフィールドとし社会人類学を志す小西は、杉本とともに南アジア学会関連の仕事で頻繁に顔を合わせるようになっていた。ある飲み会の席で小西が中学時代に佐渡を訪れたときの話で盛り上がった。そこで学生が無反応だった廃校研究の話が出て、一緒にやってみようではないか、ということになった。学問は酒場から生まれるのである。

その後小西が、佐渡でフィールド調査を行っている学部時代の後輩の門田がいるので一度3人で会ってみたらいいのではと話していたが、すぐには実現しなかった。翌2008年7月に、2人が発案し、企画運営した南アジア研究集会のシンポジウム「南アジア〈村落〉の現在」で、日本の民俗学に明るいディスカッサントとして門田を招聘しようということになった。3名が顔をそろえたのはこの集会が初であり、廃校舎に関する研究を一緒にやることがここで決った。その際、門田が8月に自身の研究のため佐渡調査に行くので、帰省中の杉本とともに廃校舎の現状をまず下見してみようということになった。

予備調査と人脈づくり

この2008年8月の予備調査では、現在廃校舎がどのように利用されているのかを把握するところからスタートした。このとき訪問を計画した活用廃校舎は、旧猿八小学校（81年3月閉校）、旧静山小学校（89年3月閉校）、旧大小小学校（70年3月閉校）の3校だった。とくに芸能関連の図書館を併設した研修施設として転用された旧猿八小では、管理を任せられている男性に聞き取り調査を行った。

現地調査の開始とともに、全国の廃校舎活用に関する本、行政資料、新聞記事を収集しはじめた。佐渡に関しては２００４年に一市に統合される前の市町村史にあたり、さらに行政の指針を示す資料、たとえば「佐渡市保育園・小学校・中学校統合計画」（06年９月）などを収集した。

そのほかの予備調査としては、８月に杉本が新潟県の山間地である越後妻有の「大地の芸術祭」を訪れ、展示場や宿泊施設として使用されている６つの廃校舎を見学し、翌09年３月に同地域で閉校になったばかりの清津峡小学校を訪れ、「廃校こそ地域活性化の起爆剤」と題したシンポジウムに参加した。これは芸術祭を企画・運営した団体が開いたものだったが、廃校を地域活性化に繋げる瀬戸内や高知などの利用例が紹介され、芸術祭で使用された廃校舎のある各集落の代表が意見を述べあうという、とても興味深いものだった。

こうした準備作業で、行政の合理化と少子高齢化が進むなか、全国で急速に廃校舎の数が増え、その利活用に大きな関心が向けられている状況を把握することができた。そこでいかに地域と廃校舎の利用を結びつけて考えていけばいいのかに腐心するようになった。

以上の準備期間を経て、研究資金を得るため09年度トヨタ財団研究助成プログラム「くらしといのちの豊かさをもとめて」に申請し、２年間の研究助成を受けられることとなった。この助成を選ん

写真１　調査対象となった深浦小学校

だ理由は、地元の人びととの協力とともに行う実践型の研究プロジェクトを積極的に支援しているためだった。

調査地に落ち着くまで

２００９年11月、筆者ら5名は意気揚々と佐渡を訪れた。研究助成採用後、初めてのフィールドワークということで士気は高かった。調査地をとりあえず深浦小学校に決めたものの、この時点ではまだ現役の小学校であり、私たちはもう一つ別の調査地を定めるために広い佐渡から「廃校」探しに出かけたのである。

フィールドに入る、というのはテーマや地域によって計画性の強弱もまちまちだ。南米ペルーで調査をした筆者の知人の人類学者は、フィールド選択のとき現地の呪術師のちょっと怪しい占いで決めたと語っていた。私たちも、占いとはいわないまでも、あまり計画性をもたずに佐渡をうろついた。佐渡の周辺部では各集落が数kmの間隔を置いて孤立しており、少し大きな集落には昔から小学校（分校を含む）が存在してきた。車でいくつか廃校をめぐっていると立地上の傾向がわかるようになり、廃校のありそうな地域にさしかかると、私たちの「廃校センサー」が働くようになった。

そのなかで訪れた旧岩首小学校は、木造校舎を残し、周辺住民の趣味の工芸品などの展示会場として利用されていて、住民主体の再利用手法の事例としてうってつけだった。しかし、理想的なフィールドにはすでに先人が目をつけている、というのもフィールド選択のジレンマのひとつだ。ここにはすでに東京工科大学や東京工業大学の研究者・学生がかかわっていた。とりわけ東工大は「トキの島再生プロジェクト」という環境省の研究助成にもとづく大規模なプロジェクトを実施しており、小学校跡に事務局を置いて地域の人たちとも強いつながりをもっていた。何の実績もない私たちがここに割って入る余地はないし、フィールドのバッティングを避けるというのは研究者間の暗黙のルールである。岩首はあきらめざるを得なかった。

結局調査地は、深浦小学校（深浦集落）と、門田の知人に紹介された旧二見小学校（二見集落）に落ち着いた。二見小というのは2000年に閉校した学校で、老朽化が進んでいるため地元の人たちが再利用を試みており、私たちの活動を知った知人がぜひ二見でプロジェクトをやってみないかと声をかけてきたのである。さっそくその知人の紹介を受け、二見小の再活用を試みている地元の坂本さんという人に電話をかけた。二見は近世から港町であり、坂本さんも海運会社を経営していた。経営者なので当然行動力はあり弁は立つし、なによりまだ若い（といっても佐渡では50代であっても「若いもん」とよばれることもあるのだが）。坂本さんはすぐに私たちの意図をくみ取り、「何か」を一緒にやろうということになった。

フィールドワークではこういうキーパーソンに辿り着くことができるかどうかで、その後の成否が大きく変わってくる。深浦集落では鼓童の上之山さん・菅野さん、二見集落では坂本さん。この人たちを玄関口として私たちのネットワークは拡がり、プロジェクトもうまくいくに違いない。もはや前途洋洋である。少なくともその時点では、それしか考えていなかった。

翻弄されながらもプロジェクトをすすめる

だが、当初の能天気な予想ほどうまくいったわけでもなかった。大きな失敗をしたわけではないが、思ったほどうまくいかない。その理由を説明するとともに、翻弄されながらも何とか地元の人たちと一緒にプロジェクトを進めようとしてきた2つ取り組みを紹介したい。

二見小学校での「夏学校」の試み

２０１０年８月，私たちは旧二見小学校の教室に地域の小学生を集め，「夏学校」というイベントを３日間行った。大学生が10名ほど教室で子どもに夏休みの宿題を教え，体育館でボールで遊んだり校庭で水風船をぶつけ合ったりし，スイカやアイスを食べて昼に解散するという，すごくシンプルな勉強＋遊びイベントである。大学生は小西が出講する首都大学東京・社会人類学専攻の学部２～３年生で，私たちのプロジェクトに関心をもって任意で参加したメンバーである。

二見小はすでに閉校しているので，近所の子どもも遠くの学校に通っており，普段あまり二見小の廃校舎に入る機会はない。そこで夏学校の前日には子どもや大学生一同で大掃除をし，近隣の現役小学校から机を借りてきて学校らしくセッティングした。もちろん私たちも傍観しているわけではない。日頃大学にこもっている研究者が雑巾がけレースで小学生にかなうわけはないのだが，とにかく仲良くなることを目標に，汗だくで長い廊下を何往復もした。

当日は10名あまりの子どもだけでなく，昔この学校に通っていた親や現役小学校の教員も見学に来て，普段静かな木造校舎に声が響き渡った。二見の区長さんが「校長」として予鈴を鳴らした。地元

写真２　夏学校での一場面，おやつタイム

新聞や大手新聞社佐渡支局から記者が訪れ、地方版で記事にもなった。

夏学校は年々盛況になり、２０１２年からは「午後の部」として、大学生と小学生が地域を巡検にまわる「七浦探検隊」（七浦はこの地域の総称）という新たな「科目」も加わった。２０１３年には4回目が開催され、旧二見小を再利用する試みとして、夏学校はとてもうまくいった。

しかし、夏学校や探検隊以外、二見においての廃校プロジェクトはさしたる成功事例を残すことはできなかったのも事実である。理由はいくつもある。

たとえば行政的、法的な壁の存在である。佐渡市は大変な財政難であり、維持費や税のかかる廃校舎や土地を遊ばせておきたくない。一刻も早く、処分したい。しかし取り壊すこと自体に金がかかるし、集落によっては校舎を残したいという声も強い。そこで市はコンバージョン事業を立ち上げて募集を行った。これは市有財産を本来の用途から別の目的へと転用して使うものであり、使用主体は多くの場合、集落が想定されている。そこで二見集落も旧二見小を簡易宿泊施設等へと転用する案を練って応募した。しかし重大な問題にぶつかる。集落が校舎の維持費支払も含めて丸ごと引き受ける、という市から提示された条件だ。仮に校舎を宿泊施設と運営してゼミ合宿や運動部の合宿などで宿泊費をとったり、物産店を開いて売り上げを確保したりし、余剰の運転資金を得られるならば問題ない。しかし高齢化の激しい地域でそれを行うことがどれほど難しいことか、当事者であれば容易に想像がつく。集落の「主体性」に任せるという市のスタンスは、現地の方々にとって、事業への応募を取り下げるのに充分だった。

また市の側も、２０１０年の段階では廃校をどうするのかという妙案があったわけではない。というのも役所の構造上、廃校舎はどの部局が扱うマターなのかきちんと位置づけられてなかったからである。この年、私たちは廃校舎の扱いを確認するため何度か市役所や教育委員会を訪ねた。最初に対応してくれたのは「防災管財課」（当時の部局名）だった。ありていにいえば、私有財産の「処分」を担当する部署だった。したがってそこでの回答は明確であり、予算が付き次第廃校舎は解体し、土地が借地の場合は地権者に返却、市有地の場合は売却するというものだった。他方、教育委員会では、学校が教育施設でなくなった時点で管轄を離れるため、廃校舎の活用は担当外ということだった。その他いずれの部署にとっても廃校再活用は未知の領域であり、要するに廃校という存在は、行政構造のエアポケットにふらふらと漂っていたのである。

教育施設としてできた建物をほかの目的の施設に転用することは法的にも簡単な話ではない。たとえば宿泊施設に転用するなら、旅館業法に合うように防火設備や管理体制をつくらないといけない。また国の補助で建てた学校を教育外に転用するには、財産処分という面倒な手続きを行って転用する必要がある。もし充分なお金がなくても、文科省等がやっている余裕教室転用事業に応募したら可能性は広がるが、それもまた面倒な申請書を書く必要がある。

最近、地域活性化ということで、廃校再利用の成功例がよく雑誌などで取り上げられている。だが当然ながら、成功例には必ず充分な人的・財政的な裏付けがある。なので同じことがほかの地域でも必ず実行できるというわけではない。作業面でのハードルを考えると、佐渡の多くの集落で廃校舎を残したい気持ちが強く存在しつつも、実際にどう残すのかという話になると、途端に議論が停滞する傾向にあった。むしろ行政との掛け合いや法律面での詳細を知れば知るほど、当初の熱気や議論が冷めていくように思われた。

深浦小学校で感じた「話しあうこと」のむずかしさ

もう一方の深浦でも、事情は似たようなものだった。当初私たちは、深浦でも夏学校を行おうと思っていた。そこで地域の人に提案したり、期間中に集会所などに泊まらせてもらえるよう交渉したのだが、とても協力的に助けてくれた人が何人もいたにもかかわらず、結果として夏学校は実施できなかった。大きく反対の声が上がったわけではない。ただなんとなく議論が進まず、そうこうしているうちに夏を迎えて時間切れになったという印象だ。要するに、地域の人に大きな関心を集めることができず開催までこぎ着けられなかったのである。

理由の一つは深浦小の立地だった。二見は小さな二見集落のなかに小学校が位置し、それだけで一つの学区を構成していたが、深浦は20～50戸程度の互いに離れた小集落が複数集まって学区をつくり、各集落の中間地点である山のうえに学校があるという特殊な立地をしていた。各集落間はふだん交流がなく、学校という存在が二見よりは少し遠い。何か学校でやるといっても、わざわざ坂を上っていく必要があり、夏学校の試みにも多少の温度差が出た感じである。

そのかわり深浦では集落合同の話し合いがよくもたれた。ここでは集落間が離れているために、閉校後の校舎をどうするかというのもすべて、日時を決めて各集落の人が集まって話し合われた。この会に私たちは何度か参加したが、最初に参加したときのようすは印象深いものだった。

２０１０年2月、私たちは首都大学東京社会人類学専攻

写真３　深浦小学校再活用検討委員会の様子

の学部学生7名と深浦小を訪れ、再活用に関する検討委員会に参加した。住民が校舎を残すことを前提に進められた議論では、鼓童《こどう》文化財団（前出）の上之山氏がKＪ法のような整理法を用いて、人びとがなぜ・どのように校舎を残したいのか率直な意見をまとめ、その最大公約数をみつけようと試みた。手法自体、近年の住民参加型開発ではありがちかもしれない。しかし、私たちの興味を惹いたのは、初めて佐渡を訪れた学生に地域の第一印象を披露してもらい、住民自身では気づかない特徴を知るというセッションが行われたことである。

ここで学生が話したことは、印象論にとどまるものだっただろう。たとえば、佐渡は東京と違って人が「暖かく」、宣伝次第ではもっと訪問者・リピーターが増えるに違いない、また学校は地域のハブ（結節点）になっているから、閉校後も地域の人びとの集会施設や、島外からの若者が簡易に宿泊できる交流施設としたらいいのではないか、などといったことである。雑駁な意見ではあるが、参加者はとても真剣に聞いていた。それどころか、一見ありきたりに思えるそれらの意見を、とても新鮮なものの見方のように受け止めていたようだ。

この時点で私たちは、佐渡で「島外の若者」「東京の大学生」という立場がもつ意味を深く理解していたわけではない。だが私たちは結果として、旧二見小で行った夏学校のように、深浦でも彼らの立場を積極的に生かしていくことでプロジェクトを進めていくことにした。しかしそのことに気づく前に、やはり深浦でも廃校再活用をめぐる住民間の議論が思ったより低調だという現実に突きあたった。

住民参加型開発というのは、行政や企業ではなく地域の人たちが話し合い、社会的合意を取り結ぶということを前提する開発手法だ。だから関心をもち、主体的な話し合いをしないことには何も始まらない。深浦小学校が２０１１年３月に閉校するにあたって、学区内の集落では各々具体的な意見や案を集約し、再活用策を練ろうとしてきたが、とうとう閉校までに結論を出すことはできず、暫定的に２０１１年4月から5年契約で市から無償貸与を受けることになった。現在鼓童が地域の子どもへ和太鼓を教える場所として使ったり、学区全体のバレーボール練習や会合などに使用したりしているが、水道光熱費使用分をなんとか賄える程度の収益状況である。無償貸与期間が終了したらどうするかという問題も基本的に鼓童の活動にかかっている。

鼓童はプロの和太鼓集団なので、体力や行動力のある若い人が多い。しかし、それ以外の集落では余力がないのは明らかで、廃校再活用の議論もなかなか進まない。ここには単に若い人が少ないというだけでなく、集落における意見の集約構造の問題がある。

旧深浦小の再活用を議論する委員会は、八集落の代表者が集まり各集落の意見を伝えることで成り立っている。代表者は委員会と各家とを媒介する役目がある。この構造は一見効率的だが、実際はそれほどではない。というのも、集落代表者は家ごとに順番に回ってくる役目なので、新たな代表者に代わるごとに議論の継続性がなくなり、担当者も自らの意欲で議論を盛り上げていくよりも任期をそつなく終えることに注意が向きがちなのだ。

またこうした意見の集約方法では「家」が単位となり、個人の考えが反映しづらいというのもある。集落代表者は回覧板などで各家の意見を集めて、集落の総意としてまとめなおして委員会に上げていく。ここで代表者が個人的意見を出すことは、集落の意見と異なる場合難しくなる。また各家に多様な意見があったとしても、それが上に上げるにしたがって「個」としての性格は薄くなり、平均化されていく。

日本の村落社会の合意形成は、多かれ少なかれこのような無難な意見をつくりあげることが重視されてきたのだろう。個人の意見を戦わせ、そのなかで妙案をひねり出していくというよりも、意見の「個性」が表に出ないよう空気を読みあい、全体の雰囲気のなかで物事が決定していく。この種の形式は、毎年繰り返される祭礼や草むしりのような慣習的イベントを決定するのには向いているけれど、先例がなく新たな答えをゼロからつくりださないとならないような議論には不向きなのかもしれない。

私たちは、廃校舎再利用にむけた「熱心な取り組み」を行う地元と協働し、自分たち自身も議論に参加しながら「社会的合意」の形成に携わっていこうという目標を立てた。しかし実際に直面したのは、「熱心な取り組み」というほど地元の人びとのコミットメントがなく、一部の地域リーダー頼みの状況だった。そこで私たちは、地元の人びとが学校や校舎を日常生活においてどのような存在としてとらえているのか足元から理解するとともに、私たちが廃校という存在に関心をもっているのだと知ってもらうことで、ひいては地元の人にも学校への関心を高めたり議論の契機をつくったりしたいと考えるようになった。

「東京の大学生」の思わぬ効能

ここに至って私たちは、当初は単にオブザーバーとしてとらえてきた大学生の役割を考えるようになった。学生の口を通して語られる佐渡や学校の話が強く住民の関心を引くならば、学生が廃校を調べ、地域のあり方を考えることが、地元の人びとにも同様の関心を喚起するようになるのではないかと考えたからだ。

市役所の人や私たち教員が言った言葉より、なぜ初めて佐渡にやってきた大学生の言葉に耳が傾けられるのか。彼らの立場がそうさせるとすれば、佐渡において「東京の大学生」「島外の若者」というのはどういう存在なのだろうか。

まず市の人口統計を参照すると、佐渡市では18歳から20歳代前半の人口がきわめて少なくなっていることに気づく。佐渡には５つの高校があるが（２０１３年度現在）、専修学校を除いて高等教育機関はなく仕事も少ないため、18歳人口のほとんどが島外に流出する。

そのため、20歳の大学生は日常目にすることのない珍しい存在となる。加えて佐渡では、島内の人の意見は聞かないが「旅《たび》の者《もん》」（島外から来た者）の意見には耳を貸す傾向がある、といわれる。それが「東京」の者、「大学」の者であればなおさらだ。ある面では権威や所属におもねる側面であるし、また他方では、狭い島のしがらみのない「異人」だからこそ、耳を傾けたところで日常的な社会関係に亀裂が入ることがない、という側面もあるだろう。しかも佐渡に通い詰めて物知りになり、大学に教職をもつ私たちのような者より、佐渡経験の浅い学生のほうが気軽に対話できる。要するに「東京の大学生」という立場は、佐渡において二重三重に「モノが言いやすい」ポジションなのだ。

この「東京の大学生」に対する佐渡側の期待感は、後に学生たちの佐渡のケーブルテレビにおける討論番組「佐渡これからTV」への出演（2011年8月撮影）という形で明確に現れている。旧岩首小学校の教室で撮影された首都大学の学生6名の討論を主とした番組は、その後1カ月にわたって繰り返し放映されたのである。ことほど左様に、東京の大学生の意見というものは大きな力をもちうるものなのだ。

写真4　「佐渡これからTV」の撮影シーン

大学生を介したネットワーク

このプロジェクトでは、最初から大学生の参加を積極的にとらえているわけではなかった。きっかけは小西が担当していた首都大学東京の授業（基礎ゼミ、09年時）において、プロジェクトの概要を話し、興味のある学生を募ったことにある。話した後はとても反応が悪かったのでがっかりしたが、授業の翌週には10名ほどの学生が声をかけてくれた。その年の12月には、中沢新一（人類学者）ほかが主催する、東京・四谷の廃校舎を利用した社会実験「くくのち学舎」に南佐渡の魅力を伝える要員として参加、翌年の2月には豊島区の「すがも創造舎」や新宿区の「芸能花伝舎」など、廃校舎を再利用した新たな取り組みを視察するメンバーとしてさっそく活躍している。どの事業主も、大学生の社会実習の一環だとお話しすると、喜んで対応してくれる。おっさん3人では、どうしてもこうはいかないよな、という話をよく3人でする。

このころすでに、特定の組織や団体と新たな関係を築くときや、調査を行う際に、学生たちを同行させることの利点に感づいていたのだろうが、確信へと変わったのは、佐渡での実際の現地調査だった。東京から来た研究者が直接話をするのとは違う、くだけた関係を学生たちは即座に構築できるという即効性が、「使える！」と思ったのだ。２０１０年2月と5月に2回に分けて行った事前調査、また同年8月の本調査では、学生たちがやってくるということから、調査地である二見地区および深浦地区双方で親睦会という名のバーベキュー大会が現地住民の主導で開催され、当初から地域の多くの人びととインフォーマルな付き合いをすることを可能にさせたことなどは、そのことを如実に表している。

一方で、こうした関係は、プロジェクトとしての継続性にも大きな影響を与えてきた。大学生たちが生み出す関係性は、現地住民にとっても刺激的で「楽しい」ひと時を生み出し、再会を希望する声が多数聞かれることになった。地元の方々にとっては、飲み相手としても「おもしろい」相手なのだろう。２０１０年からは、調査地の一つである二見地区の廃校舎（旧二見小学校）を利用した地元の子どもたちと大学生とのふれ合いの場をつくる事業「夏学校」（前述）が開始され、現在に至るまで継続的に開催されている。またこの事業は、子どもたちと大学生が協同してコミュニティビジネスを立ち上げるという「七浦探検隊」（２０１２年開始）という新たな事業へとつながっていった。これらは、大学生たちと接した子どもたち、ひいてはその親世代に生まれた「次回」への期待感がベースとなって続けられているといっていい。２０１４年度には旧二見小学校を利用した、地域をあげた「学園祭」の開催も企画中だ。また、小木・三崎地域によって継続的に続けられている現地調査は、毎年恒例の行事の一つとして期待されているものの一つとなっている。

では、現地の人びとの期待を生み出しているものとは何なのだろう。一つには、「無害」な「たびのもん」との対話や交流が単純に楽しいという事実があるだろう。過疎化・少子高齢化が深刻化している各集落では、集落内外を問わず日常的な交流人口が具体的に減少しているという事情も想定することができる。一方で、現地の生活に対して興味をもち、次々と質問をぶつけてくる学生を前にすることで生まれる、自らの生活世界に対する価値の再認識、すなわち尊厳にかかわる部分が刺激されるという面もある。たとえば、日常的な仕事であるサザエ漁の仕掛け網を引き上げていた老夫婦に話しかけ、船に乗せてもらいサザエの仕分けの手伝いをさせてもらった当時大学3年生の学生がいた。その際、老夫婦は「わざわざこんな辺鄙なところに何をしにきたのだろう」と訝しい気持ちがあったことを表明しつつも、佐渡での生活や故郷の話を楽しそうに語り、仕分けしたサザエを一袋学生にもたせたという。

「辺鄙なところ」という負に近い感覚と、そこに積極的に価値をみいだそうとする「たびのもん」

の出会いは、新しい世界認識を住民側にも生み出すものであるだろう。こうした効果を期待しつつ、学生たちには自身の関心にもとづいたテーマとともに、現地住民の通った小学校に対する思い出や、いまある廃校舎をどのようにしたいのかという問題についても調査を課した。そうすることで、廃校舎の再利用に向けたコミットメントを避ける人びとの意識を変えていくことができるかもしれないという期待感があった。具体的な影響がみられたかどうかは、今後の経過から自ずと見えてくることだろう。

もちろん、学生たちの参加による、一方的な現地への影響力にのみ焦点をあてるのは不充分であろう。ありきたりな表現だが、おもに都会に育った彼らにとって農や漁によって生きる人びとの知恵や暮らしに触れること、また「疲弊」していく周縁部の集落に身を置くことは、彼らにとっても豊かな「学び」の機会になることはいうまでもなく、また質的調査法を通じて、高齢者や、社会・文化的背景をあまり共有していない現地の若者たちと関係を構築していくことは、困難をともないながらもきわめて刺激的な体験を与えることになっただろう。さらに、現地での行動が、単にフィールドワークを通じて情報を収集する学術的なものにとどまらず、地域振興や集落の活性化という名の下の実践を伴うものであることは、彼らの問題意識の醸成にとって、多くの示唆が身をもって具体的に与えられ続けるものであると確信している。

こうした「教育的効果」が評価され、翌年（２０１１年）４月からは首都大学東京の社会調査実習としての正式な授業（「社会人類学演習Ⅱ」）としてスタートすることになり、より学生の安定的な参加を見込めるようになったことは、なんとも喜ばしいことだ。また、同年からは、杉本（東海大学）・門田（立教大学）のゼミの学生も参加し、大学間交流が促進されたことも特筆に値する。２０１３年からは、小西が非常勤講師を担当する武蔵大学の学生たちも参加することとなった。

また、本プロジェクトの最初の参加学生たちが、その後某旅行会社に入社し、佐渡ツアーを企画して多くの人びとを佐渡に呼び寄せているという事例もあり、佐渡で学んだ学生たちが、今後現地にとってどのようなフィードバックをもたらすか、楽しみである。以前の参加学生のひとりが、南佐渡の観光地である宿根木で、旗を振りながら東京からのツアー客を先導している姿をみたときは、本当に胸が熱くなってしまった。

〈協働〉を生み出すフィールド

このプロジェクトは、その都度の状況に左右されながら、なし崩し的に拡大していったものであることは、これまでの流れで理解できる。佐渡島という場を共通項として偶然に集まった三人が始めたというきっかけもさることながら、助成金申請の際に練られたプロジェクトの計画から現在の方向性がかなりズレてきてしまっていること、途中から始められた学生参加の経緯も含め、明確な計画に沿って着実に遂行されてきたというよりは、行き当たりばったりで変化し続けてきたものだ。だが、同プロジェクトが現地でかかわっている地域振興関連事業は日に日に増し、その存在感が現地社会において着実に増大してきていることは肌で感じることができる。

もしこのプロジェクトで変わらないものがあるとしたら、それは研究のみにとどまらず、常に現地の活動にかかわり続ける実践の方途を模索し続けること、そしてその実践において決してトップダウン的な提言や具体的な策を提示しないこと、の2点だろう。つまり、現地のさまざまな動きに身を寄せながら、あくまで研究者としてどのような助力が可能かを積極的に探し続けるというスタンスだ。

5年にわたる短い活動のなかでみいだすことができた解答の一つは、フィールドワーカーは、現地の多岐にわたる地域振興活動にかかわる多様なアクター間を結びつける、という役まわりができるということだ。地方行政、現地住民、Ｉターン者や島外の教育機関、ＮＰＯなどの外部アクターが分散的に存在し、それぞれが横に連動することがなくなされてきた個々の活動をつなぎ合わせ、〈協働〉を生み出すこと。特定の利害関係や理念をもたないあやふやな存在であるからこそ持ち合わせたフットワークの軽さや、フィールドワークで鍛えた関係構築の技術を駆使して、バラバラに行われてきた諸活動をつなぎ合わせて、同じ土俵で話し合いをする場を形成していくことの重要性は、従来の「住民参加」の論理ではあまり語られてこなかったものだろう。

行政か住民かという二項対立的な発想ではなく、研究者を含む多様なアクターを取り込んだ包括的な開発のあり方が模索し始められているのかもしれない。そのなかで、学生という存在のもつ可能性は計り知れないと考えている。住民の方々との関係のなかでのクッション材として、また地元の方々に価値の転換をもたらすものとして、教育機関間や教育機関と行政、外部アクターをつなぐ結節点、すなわち〈協働〉を生み出すものとして、そして具体的な事業の実行部隊として、彼らが活躍できる場は多い。そして、将来社会を担っていく彼ら自身が学び取ったことは、時間がかかるかもしれないけど、いつか直接的・間接的に現地に還元されていくものと考えている。

各地に存在する教育機関は、このような学生の学びの機会を利用した新たな実習・実践の形態に注目してほしいと思う。われわれ研究者が学び、学生が学び、地元の方々が学ぶという、多方向に広がる「学びの場」が、新しい社会のあり方を模索する際に、絶対的に必要となることは、疑い得ないと考えている。

9 ふたりの調査助手との饗宴（コンヴィヴィアリティ）

ウガンダ・アドラ民族の世界観を探る

梅屋 潔
UMEYA Kiyoshi

夜道でスタックした夜

殴り合いが始まるのではないか、と助手席にいた日本人同行者は身を縮めていた。私の調査地を「見てみたい」といって今回同行を申し出た彼は、ウガンダは初めてだ。雨上がりの夜道でスタックしたランドクルーザーを大勢で押してくれた酔っ払いの一人が、われわれが謝礼を払わず逃げるのではと、開いていた窓から手を突っ込んでランドクルーザーのエンジンを切った。このことが、ランドクルーザーを運転していた運転手のデビッドを怒らせているのだった。ウガンダのレンタカー会社では、自分で運転する「セルフ・ドライブ」は一般的ではない。いつものレンタカー会社から派遣されたデビッドとは、

図1　私の調査地，ウガンダのトロロ県

たぶん十年来のつきあいだ。彼の仕事はわれわれをウガンダ東部、トロロ県（図1）にある私の調査基地まで連れて行くことだった。頭に血がのぼっているデビッドに、このもめごとの調停は期待できそうにもなかった。

道半ばになってデビッドが告白したことなのだが、そのランドクルーザーはバッテリーに深刻な問題を抱えていた。一度エンジンを切ったら他のバッテリーの助けを借りないとエンジンがかからない。

相手は酔った勢いで高額な謝金を要求し、デビッドも立ち往生の責任はエンジンを切った村人にある、とゆずらない。平行線の怒鳴りあいが続いていた。デビッドはガンダ人なので、そのあたりに住んでいるアドラ民族の言葉はわからないから英語での口げんかである。自動車のバッテリーが切れているので、ヘッドライトもつきはしない。エンジングリルには、暗くなりかかってきたときに途中のトレーディングセンターで購入したキャンプ用蛍光灯ランプがくくりつけられているものの、ほとんど用を成していない。ほぼ真っ暗闇での口論。

私は携帯のわずかな明かりを頼りに、そのもめごとを平然と眺めていたらしい。そのことは乱闘が始まるのではと不安を抱いていた同行者をかなり驚かせたと後で聞いた。だが、私はまず、酔っているとはいえ、ウガンダの人びとがこういった場合に短絡的に暴力に訴えることがほとんどないことを知っていた。

それと、私は待っていたのだ。先ほど村においてある車ですぐに迎えに来る、といっていたから、まもなく着くはずである。私が全幅の信頼を置いている現地調査での「守護神」ともいえる、私の調査助手たちである。彼らとはここ十数年、この手のもめごとを何度となく切り抜けてきた。30㎞ほど先の「わが家」とでもよぶべき調査基地で私の帰りを待っていたはずの彼らと、携帯ですでに連絡はついていた。

まもなくすると、湿った滑りやすい泥道を注意深い運転でセダンが接近してきた。調査助手は、酔った村人の群衆のなかから自分の遠い親族を発見するや、彼らをまず無理矢理味方につけ、それを手がかりに和解点をまとめ上げ、まだ不満そうな酔っぱらいたちをてきぱきとさばいて、私にも適切な指示をした（要するに「謝金」の額と支払い相手をこまかく指定した）。結局自動車は翌日まで近くの屋敷地においておくことにし、いたずらをされないよう、見張りを雇って車内に泊まり込ませることにした。パワーウインドーも閉じないのだ。遅くはなったが助手の運転で、その夜は「わが家」に帰り着くことができた。

続く失敗

私はウガンダの村でアドラ民族を調査することは決めていたが、細かいことはまったく決めていなかった。フィールドワークの方法論については、村に入るかどうかに大きく左右されることは多くの先輩たちの体験談から想像していた。当時、現地情報はほとんどなかった。外務省アフリカ二課に電話して尋ねると、１９９６年当時ウガンダ国内に在留邦人は3名、大使館は１９９７年に仮に設置されるが、業務開始はもっと後になるとのこと、「大丈夫ですか」と心配された。

最初の研究計画は、「アルコール依存症」「アルコーリズム」というラベルに替えて、もっと社会的に相対的な「問題飲酒」という概念を提唱する研究に触発されたものだった。現象および言説としての「問題飲酒」と、アフリカ宗教研究の分野で知られていた「災因論」の考え方を無理に接合した不格好なものだった。

ウガンダに渡航し、首都カンパラのマケレレ大学に到着しても、何も決まってはいなかった。日本学術振興会に提出した研究計画に研究対象として書いた「精神科医」や「施設」も、調査対象としてはハードルが高いことにすぐに気づいた。現在ではまた別のやり方があると思うが、最初の調査で医学の専門領域でフィールドワークをすることは、現実問題として難しかった。日本の医療機関における調査でもそうだろうが、それなりの専門的コネクションと倫理的なチェックを含む公式的な手続きが必要とされるからだ。仮にうまくいったとしても主に都市にいる専門家たちを相手に調査することが必要で、当初の計画からずいぶん異なったものになってしまう。「村に住む」ことを最初のドグマ的な前提にしていた私にとって、それは困ったことだった。

イギリスの人類学者、エヴァンズ＝プリチャードの『アザンデ人の世界』のような民族誌をいつか書きたい。そのころからの私の夢である。民族誌というのは、ある特定の集団の親族関係から生業や経済活動、政治体系、法体系、宗教、芸術などを含む全体を描き出そうとする報告書のことである。『アザンデ人の世界』は、西欧的には「非合理」と考えられていた妖術の観念を切り口としてアザンデ人の世界観を描き出していた。そこには、妖術が、いかにその社会のなかで実用的に機能しているかがいきいきと、丹念に書き綴られている。彼の報告は、哲学者たちを巻き込んで、西洋的「合理性」が通文化的に真かどうか、あるいは相対的なものなのかを見直す「合理性論争」を誘発した。

「妖術」とか政府向けの研究計画に書いたら「嫌われるで」、というのはスーダンを研究している先達のコメント。まだ日本にいたときにもらったコメントだった。村に住みこむことは決めていたので、「妖術」と書かずに研究計画を書き直さなければならなかった。調査許可を申請するための研究計画書は、何日かマケレレ大学のゲストハウスにこもって仕上げたものだった。社会調査研究所を通して書類を申請したが、毎日なしのつぶてであった。

２カ月近く、ほとんど毎日催促に通ったが、まったく動く気配がない。研究所の帰りに寄ったバーでひとりの紳士に出会ったことで、私の住む場所はとんとん拍子に決まった。調査許可も、驚いたことにすぐに下りた。それは、住み込むことになった小屋の主が、たまたま政府の科学技術評議会の副議長だったことと大いに関係があると思われる。

しかし、最初の調査は、健康を害して失敗。4カ月で帰国した。約半年後に再開はしたものの、人間関係もふくめて環境に適応するのがやっとで、方針がまったく立たない状態だった。現在も実際に行われている伝統的な埋葬の手続きについて尋ねても、「しだいにわかるようになるさ」というばかりで、インタビューには応じてくれない。たまに応じてくれると、とんでもない破格の謝金を要求するのが常だった。1999年に日本学術振興会の特別研究員の資格が失効し、研究費が底をつくころにもなお、およそ出口がみえないままだった。

調査前の予想は、ある程度あたっていた。「問題飲酒」を起こしてしまうのも、村落社会の論理では妖術・邪術、死霊の祟りなどだった。医療費が払えない、ということもあるが、むしろ妖術の論理が徹底されていて、「問題飲酒」はおろか「アルコール依存症」というラベルもふくめ、近代医療の出る幕はほとんどなかった。予想外なほど、彼らは精神的な理由で病院には行かないのだった。それは、村落社会の論理では内心その原因と治療方法は自明だったからだ。後からわかったことだが、彼らはわれわれのいう「精神疾患」に対処するために施術師を頻繁に訪れていた。占いで病の原因となる霊や妖術を特定し、治療のために薬草を処方してもらっていたのだった。ところが表面上、村の人びとの態度は対照的だった。WHOやユニセフ、世界銀行など援助機関の調査に慣れた彼らは、生活改善と迷信撲滅に熱心だった。少なくとも表向きはそうみえた。妖術に代表される村落社会の論理が表立って語られることはなく、「妖術はもうない。あれは昔の迷信だ」と口を揃えた。

一時帰国したときの先達の言葉に、けっこう縛られていたと今になって思う。ある先達が、「言語がある程度できるからといって助手を雇用しないのはよくない」と助言をくれた。「(ただし助手を雇うにしても)エリートはやめておけ」とも。だから大学関係者に紹介してもらうことは考えていなかった。そのときの助手は、村ではいちばん英語ができる程度のほどほどのエリート。だから彼の目は村をみていなかった。村で起こることどもに関心がそもそもないのだから、調査にもさほど協力的だったとはいえない。

研究費がつきても、村に暮らし始めて丸1年経つそのころには、適応には成功していた。ようやく快適に生活できるようになってきたところだったので、そのタイミングで帰国して他日を期すのはいやだった。何とかウガンダでの滞在を長期化させようと、かなり無理をして長島信弘教授がプロジェクト・リーダーをしていたＪＩＣＡの「貧困研究」のプロジェクトにかかわらせてもらうことになった。それは従来の特定の指標を用いた数量的な調査ではなく、「貧困」を地域ごとに様態の異なるものと考えてその実態を解明しようとする質的な研究だった。自分でたてた研究計画ではないとはいえ、チャレンジングなこの計画で大いに気負っていたものだったが、しかしなんとそれも失敗。今度は精神を病んでの中途帰国で、かなり深刻な事態だった。

再起を期して

ＪＩＣＡのプロジェクトには貢献できず、足をひっぱった格好となったが、私は多くのことを学んだ。そのうちのひとつが、インタビューの録音を書き起こしてテキストを作成する作業を調査の中心に据えることであった。日本の新潟県の佐渡島などで憑依や呪いについて調査をしていたときにはそうした方法を重視していたのに、なぜかウガンダでその作業に着手はしていなかった。自分はこの分野の素人なのだと言い聞かせるあまり、自らいろいろなものをリセットしてしまったのかもしれない。

私の現地語の能力では、正確で逐語的な録音の書きおこしには無理がある。どうしても現地語のできる調査助手が必要だった。しかし、それまで3人ほどの村人に手伝ってもらったがいずれも長続きしなかった。そのころにJICAのプロジェクトで協働していた調査助手の紹介で出会ったのが、ポールである。名門マケレレ大学の卒業生だから、スーパーエリート。「エリートはやめとけ」という先達の助言は無視することになる。

以降、毎日の調査が助手との議論になった。それが私の調査を大きく特徴づけた。彼の専攻は社会学・

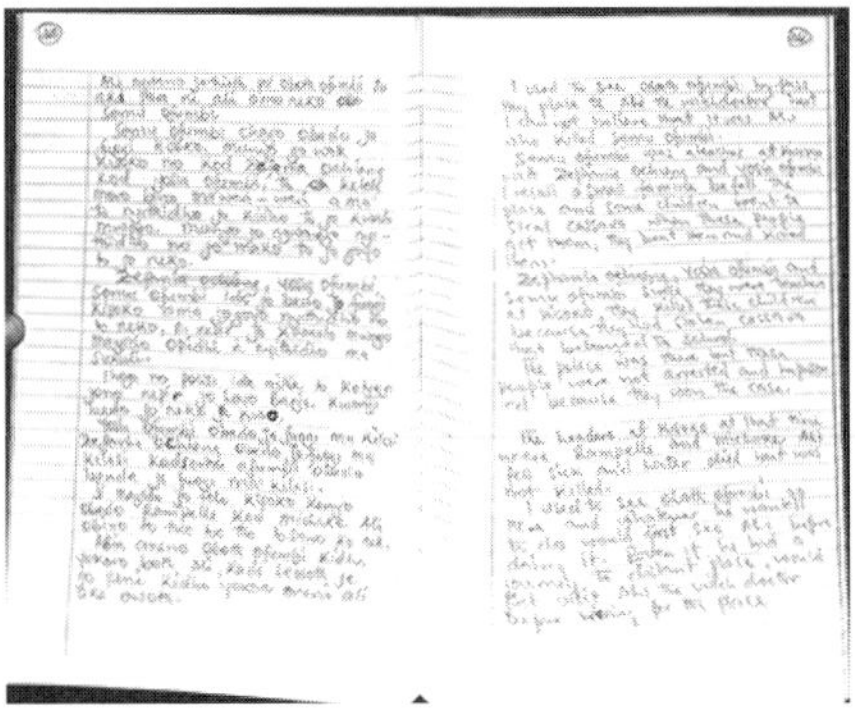

写真1　書き起こされた録音資料

左頁にアドラ語，右頁に英語の訳文を記載する．

写真2　録音資料を書き起こすポール（手前）とマイケル（奥）

開発学・経営学。その後、ポールの紹介で、同じマケレレ大学社会学科出身で社会学・地理学・宗教学を専門とするマイケルが調査チームに加わった。調査がシステマティックに進むようになり、書き起こしと翻訳の必要が膨大になってきたからである。数えてみると、長短あわせて調査助手は合計8名を数えた。調査基地には最大で4名の調査助手が同居していたことがある。

ここからは民族誌家らしく、ふたりが作成したレポートを適宜引用しながらわれわれの調査を再現してみよう。このレポートは、ケニアにある日本学術振興会ナイロビ研究連絡センターで2011年に開催された国際ワークショップで発表されたものである。厳密な引用をした部分で、ポールの原稿からのものにはP、マイケルからの部分にはMの記号を付することにする。

調査助手との出会いと関係の深化

この私たちの出会いは、ポールたちにはどうみえていたのか。ポールは次のように書いている。

マケレレ大学の社会科学部と研究協力を実施していたJICAのスタッフから、日本人の博士課程学生と仕事をしないかという打診があった。私が、その学生が研究対象としているトロロ県を中心に住んでいるアドラ民族出身で大学在籍時に社会学を専攻していたからである。彼はウガンダ科学技術評議会、そして大統領執務室からの調査許可をもっていた。

始めの頃は初対面でもあり、われわれの間には信頼といえるものはほとんどなかった。ともに働くにつれて、親密さは増していき、今ではメールのやりとりをしたり、互いにいろいろなことを知らせあったり、わからないことを尋ねたり、といったやりとりをするようにまでなった。

仕事ばかりではない。プライベートな生活に関する冗談も言い合った。私は自分の宗教生活について話した。その人は当初、私にカトリックに共感的であるといっていたが、後には日本の伝統的な宗教に関する写真を数多くもってきてくれた。［P］

写真は当時ゼミの合宿を張っていた恐山例大祭や、東北の祭りのものだったと思うが、日本の祭りの写真にあんなに関心を示すとは思わなかった。また、ここでは触れられていないが、日本の音楽にも興味は示したものの彼らの趣味にはあわなかったらしい。自分が知りたいこと(彼らの文化や伝統)については貪欲に根掘り葉掘り聞くくせに、彼らが知りたいことに対し、あまり貢献していなかった点に気づき、反省したものだ。

一方、マイケルも次のように関係の深化について言及した。

当初、私たちの関係は研究に限られたものだった。宿舎でも私たちはすこし距離を置いて暮らしていた。日本人は、アフリカ人の調査助手を信用しないと考えてもいた。しかし、現在の私たちは、研究を成功に導くために互いに助言を求め合う兄弟や仲間のようなものである。［M］

もっとも、当時の彼らには就職口がなかったので、調査助手の仕事について経済的な意味を第一に見出していたのは事実である。

毎回ウガンダを訪れる度にわれわれを雇って謝金を支払ってくれたので、やりがいがあった。大学は卒業したものの定職には就いていなかったので、資金的に生計を立てる助けとなった。［P］

と、ポールもそのことは大いに恩に着ているようだ。しかし、調査助手のつとめについて、マイケルは次のように書いている。ここには単なる経済的なものを超えた何かがふくまれているように思われる。私が彼らを「守護神」とよぶゆえんでもある。まったく偶然のことだが、私はじつにいい調査助手に恵まれた。調査助手にもマニュアルがあるとすれば、それはきっとこんなふうになるに違いない。

研究者はとかく誤解されやすい。私はウメヤ氏を地元の地方行政官たちと、私たちが住むことになっていた村の長老たちに紹介した。そして出身者として、文化的規範や習慣、言語を教える役割を担った。とくにコミュニティの人びとと調査でかかわり、彼らから得られた情報を翻訳するのが私の重要な役目だった。当時から現在に至るまで、彼にとって私は村での案内役である。その土地の出身者である調査助手は研究の成功や情報の信頼性、そして研究者の安全のためにきわめて重要で、「門番」のような立ち位置にいる。オピニオンリーダーや扇動があったときなどは、調査の正当性を現地の人にもわかるように説明してデータを適切にまもらないと、集めたデータをだいなしにされかねないことがあるからである。〔M〕

調査範囲の拡大

1997年に最初の調査を始めたとき、私は運転免許をもっておらず、自動車の運転ができなかった。JICAプロジェクトに参加したときにも、運転手としての働きを期待していた長島教授は、かなりがっかりしていたようだった。長島教授の調査方法を実地に観察することにより、私は大いに刺激を受け、広域調査（といっても私の調査地での移動はせいぜい数十㎞の範囲内だが）の有効性について考えさせられた。私が運転免許を取得したのは2002年のことだった。

私たちはこの調査研究を、トロロ県西ブダマ郡のすべての準郡にわたって実施した。選挙区としては、ブダマ北選挙区とブダマ南選挙区にあたる地域である。彼は、すでに人類学では一般的な、質的な性格の調査研究の代表的な方法のひとつである参与観察を採用し、人びとと共に生活して、文化や慣習を学びながら、研究に取り組んでいた。質的な側面を重視したアプローチを用いたこの方法を用いると、質的研究の目的、研究者の役割、研究の段階、そしてデータ分析の方法が明示的であれ暗示的にであれ、あらわれるものだ。［P］

ポールは、調査範囲が拡大したことと、調査方法が充実したのは、社会学者である自分と出会ったからだ、と胸を張る。

社会学を知っている私と出会って、ずいぶん変わったところもある。私は、社会学を学んだ者として、研究成果を完全なものにし、成果を意義深いものにしようと、この研究プロジェクトに、スノーボール抽出法による、キー・インフォーマントへのインタビュー、FGD（Focused Group Discussion）つまり特定の話題についてグループで議論する方法を導入した。方法論も変わり、サンプリングなどもするようになって、調査対象となる話者の範囲は広がっていき、アドラ民族の居住地全体をカバーするほどになった。このことは、はじめ自転車を用いていた彼が自動車を使用して移動するようになったことにも大きく関係しているが、ガソリン代や車両借り上げ費などの出費が増大したことも事実であった。調査助手に対する報酬もかさむので、より多くの研究経費を獲得できればもっとよかっただろう。

ボイスレコーダーを用いて、インタビューを録音し、ノートに書き起こした。調査が進むにつれて、調査の対象や項目はみなおされ、よりよいものに改善された。テープの録音からミニディスク、ＶＨＳビデオ、そしてデジタルビデオカメラへと、時を経るごとに機材はかわった。［Ｐ］

＊筆者注：ノートへ書きおこした資料ははじめタイプライターで打ったのちに最終的なネイティブ・チェックを経て完成版を作成していたが、やがてＰＣに直接打ち込むようになった。

ただし、映像やこうした記録媒体など、現地で見慣れない調査機材が、調査のなかでコンフリクトを生んだこともある。

私たちの調査が政府の犯罪調査と関係しているのではないか、という疑いを話者たちにもたせてしまった。とくに質問が厳しい質問だったときには、こうしたことがあった。たとえば、「他人を殺害してしまったときに、その争いごとを文化的に調停するにはどうするのですか？」などと聞かれると、ビデオがまわっている最中にはとくにこたえにくいし、説明しにくいものだ。それが、犯罪者の犯罪を立件する証拠として使われるのではないかと考えられたのである。［Ｍ］

これはアドラ民族で、殺人などの深刻な事件をめぐる対立があるときに行われる「骨かじり」の儀礼という和解儀礼について調査していたときのことである。

それだけではなく、機材の使用方法をめぐって口論になったことは何度かある。村では貴重だったテープレコーダー用のアルカリ乾電池を、ミュージックテープを聴くことで「浪費」（私からみると）

するので、あらかじめそれを見込んで町で余計に仕入れておく必要があった。デジタルビデオのバッテリーの録画可能時間を事前に正確に伝えなかったために、録画途中でバッテリーが切れて撮影が継続できなくなり、私のほうが助手のマイケルに叱責されたこともある。しかし、象徴的なのは、ポールがよく覚えているという自動車がらみの一件である。

私はひとつ覚えていることがある。チームのメンバーの一人で、アーサーという、自分を国際的人物と自負する男がいた。彼は許可を得ずに勝手に車両を使った。これは当然われわれ助手のほうが悪かったのだが、そのことに対して、ウメヤは激高したのだ。私はウメヤが大変腹を立て、ほとんど青白くなって怒っていたのをよく覚えている。［P］

要するに、自分の出身の村の親族に、「こんな上等な自動車の運転を任されるぐらいの大物なんだぞ、おれは」と自慢しに帰っていたわけだ。また、彼らに写真やビデオの撮影を任せると、どうしても自動車を被写体に選ぼうとする傾向がある。今でも、車両の使用権についての考え方や、ガソリンの「節約」という考え方については、ときどき「あれっ」と思わされるような出来事がときどきある。彼らと共通理解を構築するのは難しい。

方法論についての葛藤と調査の実態

非常に困ったことだったが、当時のウガンダの教育・研究の現場では、質的調査法より数量的調査法が重視されており、特定の民族集団の価値観や世界観を描こうとする民族誌はまったく存在していなかった。多くの社会学者はＷＨＯや世界銀行、国連などの国際機関の委託調査を行う関係上テーマにも偏りがあり、方法論についても数量的方法が幅をきかせていた。政策的なアリバイとしても数値がどうしても必要だからである。

また、東アフリカ一と評価されるマケレレ大学出身の彼らは、いわばスーパーエリートでしかも地元出身だから、こちらが調査したい内容はすぐにチャート式に理解できてしまう。私の最初の仕事は、彼らにいかに人びとの語りのコンテンツを要約せずに、ディティールを残したまま逐語的に書き起こすか、そのことの意味を理解してもらうことだった。

マイケルにいわせると、次のようなかたちで調査は進められた。長くなるが、われわれの調査の雰囲気をよく伝えていると思われるのでそのまま引用する。

調査を通して私たちは多くの話者にインタビューをした。とくに60歳以上の高齢者を、ジェンダーをある程度考慮に入れながらインタビューした。何年間も継続して行ったので私が知っている他の研究者に比べたら、数が多い。ときには同じ話者のもとを何回も訪れて、「おまえはまた同じことを聞きに来たのか」といわれてあきれられることもあった。こうした出来事から、研究対象とするコミュニティ内の話者の目には、私たちが関心を抱いているものは単調でつまらないものとして映っていることがわかる。一方で私からみても、すでに知っている内容であり、聞いている時間を長く感じてしまうような同じ回答には飽き飽きすることもあった。

私たちの行うインタビューはあまり構造化されたものではなかった。私たちが尋ねる質問は、回答者の話す内容によって変化した。なかには忍耐強さと調査技術を必要とする回答もあった。彼は臨機応変にインフォーマントに聞くトピックを変えていくこともあった。たとえば、あるときフィールドへと向かう途中、ミャンマーで日本軍と戦った高齢の男性（第二次世界大戦を経験した）と会った（写真３）。そうした出来事は彼の研究テーマと直接関連のあるものではなかったが、興味をもっていたようである。

収集されたデータはアドラ語（Dhopadhola）に書き起こされた後、英語へと訳された。ウメヤ氏は、調べた内容を要約することを嫌った。研究を行うフィールドから得られた情報はすべて、インタビュー中に行われた質問を含む形式でひとつひとつ記録された。そして彼は書き起こされ、翻訳された情報を読み込み、それらから鍵となるアドラ語の概念を取り出してわからないところを尋ねた。宿舎に戻ったあとで、私に彼がいろいろ尋ねるのが通例だったので、調査助手である私も話者はどのようなことを語ったのか充分に理解していなければならなかった。

現地の言語であるアドラ語の学習に関していえば、ウメヤ氏は、この研究テーマを理解するにあたって、その基礎になるのが文化的概念であることを強調していた。現地語は文化理解の鍵となる概念であった。研究対象とする人びとがもつ規範や伝統といったものを理解するため、言語と語彙を学ぶことは、研究の目標を達成するために不可欠であるとたびたび強調した。

ウメヤ氏はわれわれが研究対象とするコミュニティが行う伝統のある文化的な行事に認められて参加し、先代の大

写真３　ビルマ戦線での思い出を語る

主教であるヨナ・オコス（Yona Okoth）からオコス・ヤコボ（Okoth Yakobo）という名を授けられており、コミュニティの多くの人びとからその名で知られていた［筆者注：これは正確ではない。私にオコスの名をくれたのはアドラ・ユニオンの長モーゼス・オウォリである］。実際にアドラ民族の文化行事にも積極的に参加していた。たとえば、埋葬と最終葬送儀礼、双子儀礼、神への感謝を捧げる収穫祭などである。このことは、コミュニティのなかで関係を深め、「現地人」（アドラ人）として認知されることにもつながった。

ウメヤ氏、つまりオコス・ヤコボの調査方法論は、マケレレ大学の社会学部や多くのアフリカの大学において重視されている手法とは大きく異なっていた。社会学の分析は主として統計に基づくものであるべきとされていたが、それはヤコボの行う調査においてはそうではなかった。彼の行う調査研究は量的研究の理論的枠組みによるものではなくて、質的研究のそれだった。

彼が関心をもつトピックも、多くの社会科学者が取り扱うものとは大きく異なっていた。一般的には、HIV/AIDS、貧困、経済成長や環境問題といった現代的かつ新しいテーマを多くの社会学者たちは取り扱っている。

われわれは、たとえば妖術や雨乞い、呪詛やアドラ民族の文脈における不幸といった伝統的な行事や思想に関する情報の収集を行った。こうしたもののなかには関連し合っているものもあった。一度、村で有名な雨乞い師を訪ねた時、そ

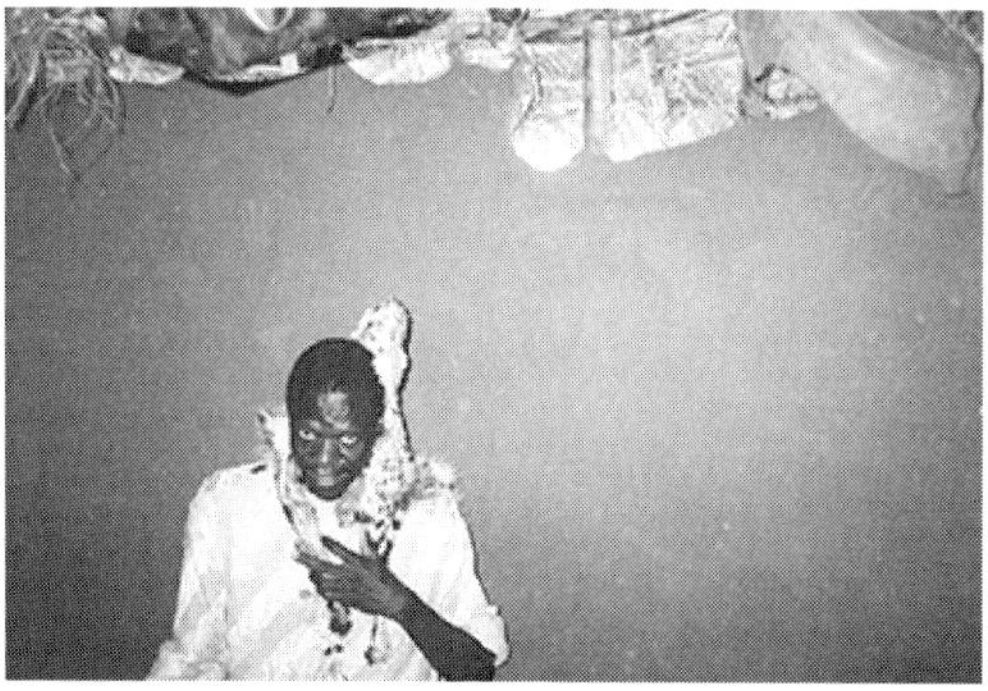

写真４　ヒョウの毛皮をまとい，威嚇する施術師

の人物は雹を伴う嵐や雷によって私たちを殺害すると宣言したことがあった。彼は、そのようなインタビューを行うわれわれに対して、調査許可の正当性を問いただすとともに腹のすわり具合を試したのである。ご存じのとおり、雨乞い師たちは通常、干ばつの季節には拷問を掛けられ、民衆にリンチにされ、殺害されるものもいる。最終的にわれわれは助けてくれるよう願ってその場は引き上げたが、ヤコボの指示で、日を改めて再び訪れなければならなかった。私は人生を危険にさらすような問題に集中したくはなかったのだが。

しかしながら、われわれはこの男と話をして、なんとか信頼関係を構築し、秘密を条件に情報を聞き出すことに成功した。

ある特定の問題に関して長い間関係を維持すると、信頼関係をつくりあげることができ、自由に開かれた環境で話し合うことができるようになることに私は気づいた。観察していると、状況や事態、背景やその環境における当事者の行動のどちらかまたはその両方を深く理解することができるものである。［M］

信頼関係にかかわる最後の部分は、ここではインフォーマントと調査チームについて述べていることだが、そのまま調査者と調査助手についてもあてはまることだろう。

トラブルとその克服

トラブルはないにこしたことはないが、やはりいくつかあった。それを克服することができれば、その経験が連帯感や信頼感を強めることは確かである。

私たちは移動する際に、悪路やパンクに悩まされ、泥道でスタックしたりしたこともある。彼を「白人」（ムズング）とみると車を押してくれた人びとは高額な謝金を請求した。

あるとき、研究対象となっている人物の兄弟が、彼ら一族に対する住民感情が記載された研究要旨を読んでわれわれに怒りを抱き、告訴するという警告をしてきたことがあった（その資料の要旨は彼が送ったものだった）。そのときはマケレレ大学の歴史学の教授のひとりにつきそわれて面会に行き、誤解を解いた。これは幸いうまくいき、その問題はひとまずおいて研究を続行することになった。戦略的な意味からも、影響力のある人びととの関係維持は大切なことだと痛感させられた。［P］

写真５　スタックした車両を前に困惑するポールとマイケル

調査先の村びとからのいわゆる、個人的援助要請も数え切れなかった。アフリカ諸社会の調査者の多くが経験する、ひっきりなしに訪れるこうした要請は、当然私たちのもとにもやってきて求められた。

われわれが宿舎とした建物の近くに住む人びとは、頻繁に彼を訪れて援助を求め、自分たちの悩みを打ち明けて経済的支援を求めた。外国人は多くの資産を持っており、この地域の人びとの貧困などは解決できるくらい金銭的に安定しているという考えからである。宿舎に隣接するゲストハウスや地域の学習センターの管理をしている人に追い返された人もいる。［M］

自分たちのことには言及してはいないが、私は何度か、財産管理とか調査助手の面接をして採用権があるのはマイケルなのだ、ということにして理不尽な要求の矛先をかわしたこともある。実際彼らの同意なしに調査チームに誰かを入れることはできないことも事実だった。

調査助手の得るもの

さて、すでに述べたいわゆる「謝金」以外にも、ポールは私の調査で被った恩恵をあげている。

彼は一般の組織、「関係各位」あてに、一緒に働いたこと、どのような視点でどれぐらいかかわったかを説明する「推薦状」を、帰国前にはいつも書いてくれた。これは他の組織で調査助手をしたりする機会を得るのに役立った。個人的には、２００２年にバークレー銀行に私が口座を開設する際に、この推薦状が役だった。その口座は私が大卒後最初に開設した口座で、現在も私の勤務先からの給与振込先にしている口座である。［P］

一般に銀行口座は10万円相当ぐらいのデポジットを支払わないと開設できなかった時代だから、それに相当する信用があったということだろうか。思えば牧歌的な時代である。現在の彼の職場（国際NGOワールド・ビジョン）に職を得るにあたってこの「推薦状」が神通力を発揮したかどうかわからないが、とりあえずそのときにも「推薦状」を書いたことは覚えている。

しかし、こうしたことにもまして意識的に大切にしているのは、いまウガンダの学界では等閑視されているエスノグラフィーの技法とその要点を、へたくそであっても私なりに彼らに伝えることと、自分たちの文化に対する「担い手」としての意識を研ぎ澄ます機会としてもらいたい、ということである。とくに後者の関心は、最近になって地域振興や地域福祉などの分野の専門家と協働しながら私のなかで明確化してきたものである。彼らの現在の職場でも、ローカルな実態把握にはエスノグラフィーの手法が生かされている、と思いたい。

調査助手として、研究者の指示に従って調査業務を遂行しながら、私は調査の経験を手に入れることができた。助手としてしっかりした質の水準に従って調査方法を考案し、データを解析し、それを書類にまとめ、人前で発表できるようにならなければならない。私はそれらの経験と技術をヤコボとの調査で手に入れた。

また、私は、はからずして自分自身の文化の価値、規範、伝統について学ぶことができた。私はそれまで他のアドラ民族出身のエリートと同じく、それらをあたりまえだと思っていて、まじめに考えたことはなかった。ひとりの日本人と一緒に暮らして仕事をした経験は、もし他の日本人と将来共同研究をする機会があるとすれば、生かされるべき下準備となるだろう。［M］

得がたい異文化体験

ポールは、技術的なものは、むしろ自分が教えた、ぐらいの自負を持っているので、それよりも異文化体験の重要性を得がたい自分の財産としてあげている。

今日私は、いくつかの価値ある異文化体験を経験して、考え方がかわってきた。前よりもよりいっそう、オープンな感じになってきた。ウメヤとの関係で4人の日本人と出会った経験もあって、以前よりもうまく人びとに対応できるようになったと自覚している。現在では、世界中のプログラム担当職員たちとやりとりをし、異なる文化の人びととつきあっているが、してよいこと、してはいけないことがはっきりとわかる。私は海外に旅行してもカルチャー・ショックとは無縁である。

最近カンボジアを訪れたときには、私は旅行者の注目の的だった。黒人が4人しか出席していない国際会議で、アヌビスヒヒをみているような感覚なのだろうか、多くの人が私と一緒に写真に収まりたがり、アフリカの象やライオンのことを尋ねた。プノン・ペンにいる多くの運転手は運転速度を落としながら私をちらりとみて、内心でいろいろと思案しているようだった。私は怒らなかった。ただ、自分の故郷（ウガンダ）で一緒に行動したウメヤを村の人びとがどのような目でみていたか、思い出しただけである。［P］

経験を積んだ助手たちからの提言

さて、調査の現場で現在私が目指すべきだと考えているのは、調査資料の蓄積はもちろんのことであるが、経済的な立場とか、調査者か調査助手か、という立場を越えて、相互浸透するようなコミュニケーションのコンヴィヴィアリティ（饗宴）を成立させることなのだが、そのことも充分に伝わっていたようである。もはやレトリックではなく調査に行くと、彼らがリーダーシップをとって計画を立ててくれる。すでに経験を積んだ調査者である。実際、私はマイケルのことをいつしか「シニア・リサーチャー」（主任研究員）とよび、彼は相対的な仕事量としてはデスクワークより食事や買い物、そして自動車の運転を担当することの多くなった私を冗談めかして「マネージャー」とよぶこともある。

報告原稿には、「シニア・リサーチャー」から与えられた宿題もいくつかある。調査者に対してと調査助手双方に対して、彼らは経験者としての提言を述べている。

通常、研究者たちはコミュニティに対して還元することを忘れてしまいがちである。インフォーマントにより提供された知識は、コミュニティにとってあたりまえのことも多い。研究者が還元に乗り気でないのは当然で、研究成果として改めて報告されても、コミュニティの人びとがそれに感謝したり、高い価値を認めることはほとんどないからである。しかし、コミュニティに成果を還元することは、必ずあるはずの情報の間違いを修正する機会となる。調査助手も自分の文化と伝統だからと、すべて知っているという考

写真 6　フィールドワーク中のコンヴィヴィアリティ

え方でいると、観察が選択的になったり、不正確になったりすることがあるから警戒しないといけない。

話者のいっていることを過度に一般化すると、データが台無しになってしまうこともありうる。自分の主観が入りすぎた理解や、まだ充分でないいまま調査を終了してしまうことにも、充分注意するべきであろう。〔M〕

こんなことをいわれると安易な一般化はできなくなる。ポールの一言はもっときつい。早く書け、というのである。

彼がウガンダで研究を始めてから大金を投じて行われた研究の成果が、日本の人びとにどのようなかたちで紹介されるのであろうか、私は現在でも大いに注目しているのである。〔P〕

寡作の私には、ポールの小言は耳が痛いが、このようなコンヴィヴィアリティを構築できたことは、ある

写真 **7**　ビデオ撮影は向って右隣の見知らぬ人に任せ，ちゃっかり楽団の演奏に混じるマイケル（右から **4** 人目）

意味でどんな調査資料よりも貴重なようにも思える。ほとんどのことは偶然に支配されてのことではあるが。

振り返ってみてしみじみ思うのは、フィールドワークは地道な正攻法しかない、ということと、なにより大切なのは「誠意」だ、ということ。月並みだがあらためて繰り返す意味がある教訓だ。

＊本文中に引用したふたりの調査助手の報告については、英語の原文を池内梨紗さん（神戸大学大学院）に訳出してもらった。

参考文献

・梅屋潔（２０１１）グローバル化と他者―今日のフィールドワークとは?、奥野克巳・花渕馨也編『文化人類学のレッスン―フィールドからの出発［増補版］』学陽書房、pp.233~256.
・梅屋潔・浦野茂・中西裕二（２００１）『憑依と呪いのエスノグラフィー』岩田書院．
・エヴァンズ＝プリチャード、E．E．（２００１）『アザンデ人の世界―妖術・託宣・呪術』（向井元子訳）みすず書房．
・長島信弘（１９８３）序、ケニアの六社会における死霊と邪術―災因論研究の視点から、「一橋論叢」、pp.90~95.
・波平恵美子・道信良子（２００５）『質的研究 Step by Step―すぐれた論文作成をめざして』医学書院．

写真８　調査助手と調査中の調査者

Part IV

フィールドワークする私

参与観察のなかでの調査者

フィールドのなかでの自分の位置を定める、自覚するまでに試行錯誤はつきものだ。▼アフリカ都市で若者のショーの調査を始めた大門。質問も拒否されることがあり、舞台裏で観察に徹し糸口を探した。ある日ステージに出るようにいわれ、準備していたものを披露。自らが実践者になることで彼らとの関係や行動の解釈に大きな変化が表れた。▼日本人と在日外国人の関係の調査を計画した稲津。だがあるイベントの場で現実との違和感を覚え、何をどう見て、どこをフィールドとすべきなのかという疑問に苛まれる。やがて身近な家庭に出入りし錯綜する関係性のなかから、自分がフィールドにいることに気付く。▼女ひとりで調査を始める際、アシスタントを探すのに一苦労した椎野。長期のフィールドワークという暮らしを支えるのは実質的に、精神的に頼れるフィールドの家族、友の存在だ。

10 ウガンダでパフォーマーになる

「調べる」ことと「なる」こと

大門 碧
DAIMON Midori

その言葉を愕然としながら私は聞いた。

「こたえることはできない。このレストランのことに関しては、いっさいこたえない」

学び始めていた現地の言葉ではなく、英語ではっきりといわれた。日本人学生がわざわざアフリカにやってきて、大衆の集まる盛り場で行われているパフォーマンスについて調べているというのは信じられない、と思われたのかもしれない。はっきりと敵意をみせられた気がして、私は当惑した。問いかけ方が悪かったのかと思い、再度話しかけようとしても、それは無駄だとばかり、同じ言葉を繰り返して、私から離れようとするレストランの女主人。ではパフォーマーたちに話を聞いていいかとすがると、「彼らと一緒にいることはかまわない、ただあなたがパフォーマンスするとしたら、私はどう報酬を支払えばいいのかしら?」とニヤッと笑った。え、いや、私は勉強に来ているだけだからお金はいらない、などと答えているときには、女主人との会話は終わっていた。ただ、少なくとも私は「消えろ」といわれたわけではないことに気づき、胸をなでおろした。

それから数週間後のこと。

「なんでそんなことにこたえなきゃいけないのよ!」

大きく音楽が鳴り響いているときだったから、まだよかった。涙が出そうなのは気のせいだと思うことにした。あるパフォーマーに出身やこれまで育ってきた環境などに関して簡単な聞き取りを始めたときのことだ。なぜまったく縁もゆかりもない人に、自分の学歴や両親の出身民族を尋ねられ、こたえなきゃならないのか、といわれればそのとおりだ。「学生で調査をしている」といわれて納得ができるとは限らない。それは当然のことだとは思う。そうわかってはいても、自分のやっていることをはねのけられると、自分の存在が否定された気がして息苦しくなった。

私のもくろみと苦しみ

私は大学院で進めている自分の研究のために、単独で調査を行っていた。ウガンダ共和国の首都カンパラ（図1）、これがアフリカの都市での調査を希望していた私が選んだフィールドだった。近年政情が落ち着き、治安も安定し、女性ひとりでも歩きまわりながら調査ができる都市であることが、この場所を選んだ理由のひとつだった。人通りの少ない場所はひとりで歩かない、暗くなりかけたら知らない場所にはひとりで行かない、暗くなったらどこに行くのもひとりで行動しない、など自分の命と体を優先する歩き方を心がけた。そしてカンパラに滞在中、調査対象者に会うとき、さらに路上や店で直

図1　私の調査地，ウガンダ共和国首都カンパラ

接調査とは関係ない人びとに会うとき、私は正直に「日本からきた学生で、自分の勉強のために調査をしている」と自己紹介していた。いつ誰がどんな情報をもたらしてくれるかわからなかったし、誰がどこで誰とつながっているかもわからなかったからだ。自分が何者かをいわなかったことを後で責められるのもこわかったし、ビジネスを始めようとしていると思われて口をつぐまれたり、投資先を探していると思われて取り入ろうとされても困ると考えたからだ。

私が研究対象に選んだのは、レストランやバーのステージで、夜な夜な行われている「カリオキ」とよばれるショー・パフォーマンスだった（写真1）。「カリオキ」は、1990年代後半、カラオケ・マシーンが導入されたカンパラのバーやレストランで、若者たちがこぞって歌やダンスなどのパフォーマンスを行うようになったところから、この名前がつけられたと推測される。「カリオキ」が日本のカラオケからきていると、最初にこのショーをみながら直感したとき、私は日本人としてこのショーを研究せねばならない！　などと思ってしまったのだ。日本のカラオケと区別するために、人びとの発音に最も近い音、「カリオキ」と表記して、私は研究を進めることにした。

カリオキは、音楽に合わせてさまざまなパフォーマンスを披露する。おもに「マイム」「ダンス」「コメディ」の3つの演目が行われている。「マイム」は、音楽に合わせて口と身体を動かして歌を歌うことを表現する「クチパク」のパフォーマンスである（写真2）。無論「ダンス」は、音楽に合わせて身体を動かすことを指す。複数でふりつけをあわせたり、ひとりまたは複数で各々自由に踊る場合もある。「コメディ」は「マイム」と同様に「クチパク」のパフォーマ

写真1　「カリオキ」の開催を伝える看板
「KAREOKE」は本文中の「カリオキ」の ことを指す.

ンスであるが、スピーカーから流れてくる歌詞を台詞ととらえてその内容を芝居のように表現することが行われる（写真3）。そのなかでは笑いを誘う格好や動きをすることにも重きが置かれることから「コメディ」とよばれる。カリオキの公演は、これらの演目を並べることで構成されている。1回の公演では、30から50曲、多いときには70曲を超える歌が使われる。1曲の長さは3分ほどから、長いと10分近くに及び、全体の公演時間は3時間から4時間に及ぶ。歌が変わるたびにパフォーマーや演目の種類が変化していくのである。

このショーのパフォーマーたちのプロフィールや、ショーが生み出された歴史・社会的背景、そして公演活動について調べることを通して、この都市に暮らす若者たちの社会関係のあり方の一端が明らかになってくるはずだ、というのが、私の調査のもくろみだった。あらかじめはっきりと予測されるこたえ（いわゆる「作業仮説」）はなく、調査を行うなかで、新たな調査項目を探っていった。調査の最初の段階では、聞けば答えがすぐに得られるような一問一答式で得た情報を記録することに集中した。カリオキを見に出かけては、その公演を行うパフォーマーに話しかけてコンタクトをとったり、公演場所のレストランやバーをまわってマネージャーに話を聞いたりなど、できるだけ多くの人と会って、用意した質問を投げかけた。そんなときに起こったのが、冒頭の出来事である。

質問をさせてくれない、質問をしてもこたえてくれないという事態に直面したとき、私は自分の身分を話してもうまくいかないことがあることを知った。「学問の発展のために」とか、「調査許可書に

写真2　カリオキの定番演目「マイム」

よってあなたは政府に協力を要請されている」とか、そういうことを言い立てることは私にはできなかったし、無駄だと思った。

次に私は、できるだけパフォーマーたちと一緒にいて、彼らのふだんの会話や行動のなかからヒントを探そうと思った。パフォーマーたちは私を毛嫌いすることもなかったが、私の相手を熱心にするわけでもなかった。彼らは、10代半ばから20代の若者たちで、グループをつくっていた。若者たち同士が声をかけあって集まってできたものもあれば、経済力のあるバーのオーナーなどが若者たちを集めてつくられたものもある。私はこれらのグループの活動実態やメンバーの日常生活の様子を知るために、ある特定のグループと一緒にいるように心がけた。しかし、彼らはそれぞれ別の場所に住んでいて、生活をともにしているわけではない。それぞれが家族をもっていたり、昼間は別のことをしながら暮らしていたため、彼らといつも一緒にいることで仲良くなっていくことを目指したくても限界があると思った。彼らに対して私が質問をすれば返事はあったが、無駄話を繰り広げられるほど、私が彼らの話すガンダ語を得意としていないうえ、彼らの最低限のことしかこたえない態度に私は萎縮してしまっていた。

写真 **3**　人びとを惹きつける「コメディ」

そのうち何度も会うパフォーマーとは話すネタがなくなり、彼らと一緒にいても、だまっている状況が続くようになった。どうして一緒にいるのかも、私にはわからなくなりつつあった。要するに「インタビュー」という形では会話ははずみようがなかったし、語学力以前に、私と彼らとは当時まだ仲よく会話するような距離になかったのだ。そのうち私は、バック・ステージで彼らがパフォーマンスするときに何をやっているかを黙って観察し、ノートに記録するようになった。とにかく一定量のデータを手に入れたかったのである。

パフォーマーになった理由

ある日の晩、私はいつものようにバック・ステージからノートとペンを手にしてカリオキをみていた。ショーはもう終わりかけで、観客数は少なかった。パフォーマーのひとりが私に声をかけた。「あんたも1曲やらないか」。私は、お、きた！と思った。もしもパフォーマーたちからリクエストがあればマイムをしよう、そうしたら少しは彼らと仲良くなれるかも、と考えて1曲だけガンダ語の歌を覚えていたのだ。私が伝えた曲が流れ出したので、ノートとペンをバック・ステージに置き、マイクを手に私はステージへ向かった。客席にはほとんど人がいなかった。なんだかさびしい。後ろを振り返ると、パフォーマーたちが舞台の袖からステージ上の私をみていた。なんだかくすぐったい。パフォーマンスを終えてバック・ステージへ戻ると「ありがとね」と声がかかった。

このとき私は、「パフォーマーたちと仲良くなる」という目的の達成度について考えるよりも、ただ単純にうれしくなっていた。彼らが私を気に留め、私に何かを頼むということ、彼らがパフォーマンスする私をみるということ。これらのことは、それまでまるで透明人間のように彼らのことを傍らでみているだけだった私にとって、彼らのなかに自分がいるという実感をよぶ出来事だったのだ。同時に考えた。彼らに接触を求め、調査者だと名乗って、質問をしたり、そばにいたりするだけでは、情報が得にくい。そんなときは、私が「パフォーマー」という側面をもってもよいのではないか。そうすることで、パフォーマーたちから私に対してはたらきかけが出てくる。このことを利用して調査ができないか。これが、私がウガンダでパフォーマーになった理由である。

とはいえ、私が初めてステージに立たされたときから、意を決してパフォーマーとしてふるまうようになるまでにはかなり間があり、そのときにはカリオキの調査を始めてからすでにカンパラでの滞在期間は1年を超えていた。その間ずっと、調査者としてインタビューや観察を繰り返して四苦八苦していたということもあるし、やはり実際にパフォーマーになるには気が引けて重い腰がなかなか上がらなかったのである。

ある日ようやく私は、継続的に調査していたグループのリーダー格の女性パフォーマー、アンナ（本文中のパフォーマー名はすべて仮名）に声をかけた。「次から私もパフォーマーとして参加したい」。少しばかりじっとみつめられ、「わかった」と一言、それ以外にとくに何もいわれなかった。5日後、私はカリオキのパフォーマーとして舞台に立った。あっさりと、私のパフォーマーとしての日々が始まった。

パフォーマーとしての実践

仲の良し悪し

当時の私は、ステージにあがるための衣装も靴もなかった。参入を決めたグループにいたカイに相談した。カイは男性だが、女装してパフォーマンスすることも多く、女性の服がどこに売っているかもよく知っていそうだった。また昼間にほかの仕事をしておらず時間があり、小学校の先生をしていた経歴があり英語も得意なうえ、私のさまざまな質問に嬉々としてこたえてくれる性格の持ち主だった。彼が「予算いくら？」と私に聞きながらに連れて行ってくれた先は、おもに新品のドレスや服を小売業者へ卸売りしている店舗が並ぶショッピングセンターだった。「これなんてどう？」カイが指差した先のマネキンが着ている赤いドレスと幅広の黒のベルトを私は購入した。

カリオキにパフォーマーとして参加しはじめた2日目。女性パフォーマー、ファトゥマに声をかけられた。普段ブスっとしていてあまり笑顔をみせない彼女は、しゃべり方が少し乱暴なうえ早口で、私は彼女と会話を長続きさせたことがなかった。そんな彼女が「ついてこい」という。すると彼女の友人が暮らす長屋の1部屋に行き着いた。ぼーっと突っ立っていたら、友人と話していたファトゥマが「それ履いてみな」と、足元に置いてある白いハイヒールを指差す。おそるおそる履いてみると平均より小さい私の足にそのヒールは、はまった。「ぴったり」というと、「くれるってさ、彼女に感謝しな」とファトゥマ。部屋を出た私がファトゥマにもお礼をいうと、彼女は「ステージではヒールがあるのを履かなきゃ」と低くつぶやいた。

こうして普段から仲のよいカイに協力を仰いだり、さほど仲がよかったわけでもないほかのパフォーマーにも助けられながら、私のパフォーマーとしての生活は進んでいった。

誘い

それまでのインタビューと観察の記録により、カリオキを公演するグループのメンバーの入れ替わりが激しいことはわかっていた。また、パフォーマーがある特定のグループに所属しながらも、同時に別のグループでパフォーマンスする姿もみていた。この状況をパフォーマーになった私も実践することになった。

カリオキを終え、夜中の2時ごろに家に帰り着き、安眠をむさぼっている朝の7時、ケータイが鳴る。その着信がパフォーマーからだった場合は、その日の夜のショーへの呼び出しだ。これまで私はパフォーマーにインタビューをするためにアポをとるときには、彼らのケータイの番号に連絡してきた。そしてパフォーマーとして私が活動をしているのを目にしたパフォーマーからは、ショーへの誘いの連絡が私のケータイに入ってくるようになった。

「今日、ショーするの？なかったらこっち来て」「今どこにいるの？ショーがあるから来なさい」など、彼らの連絡は突然で、ぶしつけで、ときにはしつこかった。私は自分がひとつのグループに所属していると考えていたので、そのグループがショーを行っているときは、そこに優先的に参加することにしていたが、それ以外の日に声がかかれば、そこにかけつけることにした。呼び出されて行ってみれば、ずいぶん前に別のグループで会ったことのあるパフォーマーに再会したり、かと思えば前の夜一緒にショーをしていた私が所属しているグループのメンバーに会うこともあった。グループを超えたつながりだけでなく、パフォーマー個人個人が縦横無尽に動いてカリオキのショーをつむいでいっている様子が、いやおうなくみえてきたのである。

苛立ち

パフォーマーたちは大きな鞄をもって公演場所にやってくる。鞄の中身は、ステージで使う服、運動靴やハイヒール、アクセサリー、そして化粧道具。あるパフォーマーは、夕方に大きな鞄をもち歩いている若者がいたらカリオキをしているってわかるもんだ、と話していた。私もさっそくリュックサックを買い求め、そこに手に入れた靴や服、アクセサリーを入れて、毎回の公演に出向いた。

しかし、私は戸惑うことになった。個々に自分自身が使うものを用意しているはずのパフォーマーたちだが、彼らはたとえ初対面でも、服やアクセサリー、そして化粧道具、公演中にトイレに行くのに便利なサンダルなど、貸してと声をかけたり、ときには声をかけずに勝手に使ったりしていた。私は自分のものがどこにいったかを探すことが少なくなかったし、自分がこれからステージで使おうとしているものを、要求されて困ることもあった。予定している演目に合わせて計画を立てて準備をしていたり、もしくはバック・ステージでゆっくり休憩しているときには、パフォーマーからの「貸してくれ」という要求にうんざりすることもあった。

ある日のバック・ステージで、パフォーマンスで汗を流したあとだった私は、少し体が冷えてショールを羽織って休憩していた。すると、いつも私のショールをトラディショナル・ダンスで腰に巻くカイが、「ショール貸して」といってきた。いつもならパフォーマーたちの要求にできるだけこたえようとすぐに貸していたが、そのときは疲れていたことと、ショールを羽織っていたかったのと、なぜいつも私のものをわがもの顔で使うのだと、いらいらしてしまい、貸すのを断った。カイは一度、私の断りを受け入れたが、後で再度「怒ってる?」と尋ねてきた。ショールを羽織っていたい旨を伝えると、「ショールを使っていたいなら、アンナのを使えばいいじゃないか」とそばにおいてあったアンナのショールをカイは私に渡した。彼はほかの人のもっているショールよりも分厚い私のショールを欲していたのである。このやりとりで、他人のものを都合に合わせて「共有」することがあたりまえとされていることがよくわかった。

私がパフォーマンスをする際にあたりまえのわきまえだと思っていた、ほかの共演者を邪魔することなく自分のパートをきちんとこなしていくという態度は、カリオキにはあまりみられなかった。カリオキのグループは、お互いに縛られることのない個人個人が、離合集散しながらつくりあげている。しかしその彼らが公演するショーは、個々のパフォーマーが自分自身だけでパフォーマンスを行うのではなく、お互いにものを融通しあう共同性を発揮して成り立っていたのである。

「聞いてないよ!」

私は2011年6月22日から9月11日の3カ月足らずのあいだに、じつに52のカリオキの公演に参加した計算になった。参加した当初は、私がするパフォーマンスは自分ひとりで行うソロ・マイムだけだったが、そのうち演目の種類は増えていった。全ステージをとおして、ソロ・マイムは153曲分を行ったが、そのほか、ふたりで行うペア・マイム37曲分、ソロ・ダンス27曲分、複数でふりつけをあわせて踊るグループ・ダンス20曲分、コメディも17曲分、ほかにもトラディショナル・ダンスやグループ・マイムなどの演目も行ったのである。ただし、私の演目内容のレパートリーは、私自身が増やしていったのではなく、なりゆきで増えていった。きっかけはたいてい突然で、まったく用意していないことを、私は次々にやらされることになったのだ。

たとえばある日、男性パフォーマー2人がコメディを始めようとバック・ステージで準備をしているときのことだった。ステージ近くの袖に待機しはじめた2人に向かって、その場にいたアンナが突然、「彼女をステージへ連れてって」と私を指していい、隣にいたパフォーマーのマリーも私に、男性パフォーマーのひとりを指して「この人を殴って、『お金が欲しいの』とやって」といってきた。男性たちもとくに反対する様子も見せないので、私はいわれるがまま曲が流れたときにステージに出ることになった。

私と一緒にいる時間の多いカイは前もって一緒にコメディをしたいと申し出た。ある歌を私に覚えるようにいい、その歌詞の書き出しも手伝ってくれた。どの歌を使ってどんな物語を表現したいかを説明してくれた。しかし本番中、公演会場が雇った「前説」を担当していたふたりがステージへ割り込んできて、私たちは一緒にコメディを演じることとなった。予想外の展開に私は何がなんだかわからないまま混乱してステージを終えたが、カイは「彼らが入ってくるのは知らなかった。でも、知っている。いつも彼らはそうする。楽しめる。彼らはコメディに色をつけたんだ」と話すばかり。

こんなこともあった。私がソロ・ダンスをしにステージへと向かったときだ。それまでステージでソロ・ダンスをしていた男性パフォーマー、ビクターがバック・ステージへ戻ろうとした。しかし私が踊り始めたところをビクターは振り返ってちらっと見やった後、ステージへと戻ってきて、私の隣で踊り始めた。そして、互いにその曲で定番となっているふりつけを一緒にしたり、男女ですると客にウケル動きをしたり、いつのまにか2人で踊っていた。

私はかつてバック・ステージで、パフォーマーたちの上演内容をひたすら観察していたときのことを思い出した。彼らはいつも公演前にプログラムを作成して上演内容の予定を立てていたが、そのプログラムは公演の最中に自由自在に変更されていった。彼らがもともと用意していたプログラムを変更する理由がわかれば、彼らがパフォーマンスにおいて何を重要視しているかわかると考え、私は毎公演後に理由を尋ねつづけた。パフォーマーたちはそれぞれにこたえてくれたものの、その理由は公演場所の都合やパフォーマーたちの気分などさまざまで、共通の演出意図や明確なポリシーはみいだせなかった。そして私の質問がつまらないのか、めんどうくさそうにこたえる姿が目立っていた。パフォーマーとしてステージに立つようになって、その彼らの姿を思い出した。私は「聞いてないよ！」と、突然のプログラムの変更にとまどった。学生時代に演劇経験のあった私にとっては、前もって打ち合わせをしていた公演内容に当日になって変更を加えることは、大きなことだった。しかし、カリオキではショーが始まる前に自分とほかのパフォーマーとが共有していたはずのプログラムとは異なることが起こっていく。そうだ、これがカリオキなのだ、と実感した。変化に対応していくことが重要で、変化していくことは当然のことなのだ。だからこそ、私がパフォーマーたちにプログラムの変化について問うても、彼らの返答には共通する演出上の意図なぞはみえてこない、という結果になっていたのだろう。

パフォーマーになって調査するということ

私はインタビューや観察を続けた末に、アフリカの都市で生きる若者たちに近づくひとつの方法としてパフォーマーになることを選択した。パフォーマーとして接しはじめたことで、彼らの日常に接近しやすくなり、グループという形式の裏で流動的に活動する彼らの個々の姿がみえてきたことと、舞台裏（道具や衣装の「共有」）と舞台上（予定外のアドリブの連続）での連携の妙がわかってきたことは私の調査にとって大きかった。ステージ脇でのインタビューや観察からは、パフォーマンスやショーの組み立てを「記述」することはできても「解釈」は難しかった。しかし自分もパフォーマーになり、日常でもステージでもパフォーマーたちとのかかわりを増やしたことで、初めていろいろな場面の「解釈」が可能になったのだ。つまりカリオキの公演にのぞむパフォーマーたちの態勢を読み解くカギでもあるし、彼らの都市での生き方のエッセンスでもある、彼らのあいだのアド・ホックな共同性のノリに私は気づけたのだ。これはパフォーマーに「なり」、バック・ステージとステージ上で彼らとともにいたからこそ、得ることのできた見方だと思っている（写真4）。

ただし、この成果は単にパフォーマーになったから得たわけではないとも思う。あのとき私は、パフォーマーにずっとなっていたわけではなく、「なる」ことと「調べる」こととを繰り返しながら過ごしていた。ステージ衣装に着替えては、自分の上演内容の予定を記録し、パフォーマーたちと演目内容について相談しては、そのやりとりを記録し、ステージから汗だくで戻ってきては、ステージ上でおこったことを記録した。そうして私は調査対象のなかの登場人物として私自身をフィールドノートに登場させながら、これまで観察してきたことやこれからのパフォーマーへの質問項目について考えをめぐらせた。このようにパフォーマーに「なる」ことと「調べる」こととのあいだを行き来しつづけることが、おそらく私の調査にとって重要なことだった。そしてそのスタイルには、私がパフォーマーとなって調査した２０１１年半ばより前に、断続的に１年以上行っていたインタビューと行動調査が、すなわちステージ脇でじっと観察に耐えていた時期が糧になっていないといったら、それはきっと嘘になると思うのだ。

写真４　パフォーマーに「なる」私

11 フィールドは「どこ」にある？
ホセさんのまなざしが教えてくれること

稲津 秀樹
INAZU Hideki

ホセさんの"Byouki"?! ―― 現在のフィールドのひとコマから

それは2011年3月13日、阪神地域のある地区センターの貸し会議室で開催された日本語教室のイベント、「日本語・母国語スピーチ大会」でのことだった。

本編のスピーチが終了し、ボランティアが審査のために使っていた部屋のゴミを片づけていた筆者に、歓談が続く会場に居たホセさん（仮名、以下の人物も同様）が「Hideki san, ¡Hola!（やあ）」と声をかけてきた。彼は1990年にペルーから日本に移ってきた、「日系ペルー人」とよばれる男性である。バブル景気後の製造業の担い手不足を受け、過去に米国や南米をはじめ海外へ移住した日本人とその孫子までの世代を合法的に受け入れるため、1990年に日本の出入国管理及び難民認定法が改正された。彼のような移動の経緯を有するラテンアメリカ生まれのいわゆる二世、三世とその家族までを含めたラティーノの人びとに「定住者」の在留資格が認められるようになってから久しい。

あいさつを終えるや否や、彼から私にデジタルカメラがむけられた。「イベントだし、写真を撮っているのかな」、と思い、反射的に思わずピースサインを出してしまった私だが、彼の方は一向にシャッターを押す気配がない。これはもしかすると……

稲津「ビデオ？」
ホセ「Sou（そう）」
稲津「え、なんでやねん、はは（笑）」
ホセ「Sore,video, YouTube de mireru!YouTube!」
稲津「え、YouTube?　やめてや、はははっ！（手でレンズを覆う）」
ホセ「Jajajaja（はははは）」
稲津「自分のだけにしてや」
ホセ「Llibun（自分）no,aru, jajaja」

写真1　このときホセさんが撮影していたスピーチ大会の一場面
軽食を囲みながら歓談する当事者とボランティア．2011年3月ホセさん撮影．

筆者は、社会学専攻の大学院に入学する前後の2006年頃より、自身の出身地でもある阪神地域に居住する彼ら・彼女らとかかわるようになった。ホセさんとはすでに7年以上の付き合いになるが、彼がことあるごとにビデオを撮影するようになったのに気づいたのが、このときの出来事だった。

実際、数日後には本当にYouTubeに動画がアップロードされており、彼のいつもの冗談だろうと思っていた筆者は、この出来事にかなり驚かされてしまった。筆者自身も彼らと一緒にいるときにデジカメを使う機会があったとはいうものの、数年もの時を過ごすうちに、大仰に撮影することのほうが珍しくなっていた。そうした折に、日本語教室のボランティアとして参与している際の何気ない瞬間を直接、撮影されたうえにインターネットサイトにまでアップロードされてしまったのは、これが初めてのことだった（写真1）。

You Tubeには、筆者が映り込んだこのスピーチ大会の動画のほかにも、彼と彼が過ごす日常を収めた映像が大量にアップされていた。たとえば、日本で初孫が生まれたときのパーティの様子をはじめとして、彼が行う自営業（引越し代行業・家財修理業など）の様子や、地域の小学校に異文化交流の「先生」として招かれたときの様子。ほかにもファミリーレストランやバーで飲食し、ショッピングモールで買い物する様子や、外出の際に通り過ぎる電車の駅や空港での人通りの様子など、その数は、孫を産婦人科に迎えに行く様子を収めた動画が投稿されてから、約2年間の間に３００本近くにも上っていた。

なぜ、彼はこのような〝Video〟を撮影するようになったのだろうか。このとき尋ねてみたところ、ペルーとアメリカ、それぞれに離れて住む家族・親族・友人に日本での様子を知らせるため、との答えが返ってきた。確かにいくつかの映像をみると、スペイン語でショート・メッセージを伝えるホセさんの姿が確認できる。そのときの彼はパーティの場で社交するときとは違い、笑顔もなく、抑揚を抑えながら淡々と状況を語るのが特徴的だ。親密な者へむけたその寡黙な表情は、彼と彼を取り巻く複雑な家庭状況を窺わせる。

その後も、彼の〝Video〟を撮影するデバイスはスマートフォンへ、アップロードするプラットフォームはfacebookへと移行している。これにレストラン・バーの開業という彼の自営業のさらなる展開も加わることで、今では1日に数本、多いときには十数本もの動画が店の宣伝も兼ねてアップロードされる。これにはペルーから再来日して彼の店を手伝いだした息子からもさすがに〝Byouki ya!（「ビョーキや！」）〟とまでいわれているのだが、ホセさんの〝Video〟への傾倒はますますとまらないようだ。

現在、筆者にとってのフィールドは、ホセさんのようなペルーをはじめとしたラテンアメリカ出身、あるいは日本生まれのラティーノの人びとをはじめ、さまざまな出自をもつ人びととのかかわりのなかにある。ひとつひとつの出来事や出会いが新鮮に映り、記録を必死に残そうとしたときを過ぎ、レストラン・バーや日本語教室、ひいてはパーティなどの場を通じて彼らとかかわり、世間話をすることが、日常のひとコマとなっている。facebook のようなソーシャルネットワーク上のつながりを、彼らから求められてからはとくにそうだ。

このようなエピソードは、彼らをよく知らない方にとっては、自分とは関係のないどこか違う世界の人びとのお話として受け取られるだろうか。言いかえれば、フィールドワークを行うフィールドとは、あなたにとって、どこか「ヨソ」のお話と思えることだろうか。筆者は、そのように考えていない。むしろ、私たちが生きている「日常」と切っても切り離すことができない境界的な場所として、フィールドなるものを捉えている。なぜなら、以下にも記すように、筆者自身、ラティーノの人びとが生活している世界に「イチ」から入っていったというよりも、自身が生まれ育った地域での人間関係の変化に巻き込まれることを通じて、自分たちが生きてきた何気ない「日常」において、彼・彼女たちが生きていくうえで直面する問題が存在していることに、気づかされていったからにほかならない。

フィールドは「どこ」にある？——現場の人間関係を初めて意識したとき

しかし、大学院に入り、フィールドワークなるものを意識し始めた際には、筆者自身、ペルーをはじめ、ラテンアメリカ出身の人びととかかわりあうことなど、じつは想像さえもしていなかった。大学院入試の際に記した研究テーマは、在日コリアンの人びとによる社会運動、とりわけ公共の場で文

化祭のかたちをとって彼らの民族性を可視化するための実践を調べることだった。このような文化を用いた社会運動は、韓国朝鮮語で「庭」や「広場」を意味する、「マダン（마당）」とよばれている。

先行研究を概観すると、このような祭りは、1980年代に大阪の在日コリアンによって始められ、1990年代をかけて京都や兵庫をはじめとした他地域にも拡がったという。筆者が元々その現場を知り得たのは、阪神地域で1991年から開催されている、あるマダンに、2004年の年明け頃からゼミ活動を通じてかかわり始めたことがきっかけだった（写真2）。当時は一人のボランティアとして、イベント前日から当日にかけてのテント張りやステージ設営、ビラ配布やチラシ作成などを手伝うことが、おもな役割だった。

この現場での取り組みは、朝鮮半島にルーツをもちながらも日本で生まれ育ったために、自分自身のアイデンティティに問題を抱え込まざるを得ない在日コリアンの児童生徒を支援すべく、公立学校の教師らが後押しするかたちで始まったとされる。とりわけ、1995年の阪神・淡路大震災後からは、在日コリアン以外の多国籍者も参加するようになったこともあり、「在日外国人」との「多文化共生のまちづくり」をテーマに開催されている。

当時の筆者は政策研究を専門とする学部に籍を置いていたが、大学院に進学するにあたり、しだいに社会学的な調査研究への歩みを意識し始めた。そのころには、グローバ

写真2　参与したマダンでの農楽パフォーマンスの一場面
配布されたパンフレットには「プンムル隊」による演奏とある．
2007年3月 筆者撮影．

ル化の進行により変容する国民国家に関する論考や、欧米の多文化主義、移民・エスニシティをめぐる研究に代表される、いわゆる国際社会学的な研究は日本語の教科書レベルでもみかけるようになっていた。だが、日本の具体的な地域を舞台にフィールドワークを行う研究は、まだ少なかったように見受けられた。よって筆者は、関西地域で文化を通じた新しい社会運動における在日外国人と日本人の間の協同的な関係のあり方を研究テーマとして、修士課程入学時の願書を記した。これは祭りの一つに、あくまでも学生ボランティアとしてひと月程度かかわりながら考えた調査研究プランであった。

このような現場での人間関係を具体的に理解しようと思い、いざ祭りの会議に出かけてみると、新たな難問が生じてきた。それはたとえば、週末や平日の夜に開催される祭りの実行委員会に出席するだけでは、ステージや食品ブースの担当者から事務的な報告を聞くだけとなり、個々人のイベント企画に参加する動機や背景にまで接近することが難しかったことだ。それは多分に筆者自身の問題でもあったかもしれない。そもそもマトモな調査研究を行う前から、フィールドワークを行うことを会議参加者に公言してよいものなのか。博士課程への進学も未知数で、かつ、社会学の修士論文を無事に書きあげられるかも覚束ない段階ならば、最初は、フィールドワーカーとしてではなく一人のボランティアとして「等身大」のかたちで参加するのがよいのではないか…。

そのようなことに悩んでいるあいだに会議は終わり、いつの間にか参加者が解散していたりしたときには、心底、自分のヘタレぶりに嫌気がさしたりした。加えて、会議やプレイベントなどの日程が重なることも多く、半年ほどかけて、兵庫だけでなく京都でも開催される実行委員会をいくつかはしごしたものの、結果的に、ひとつの祭りに深く入りこめない事態を招いてしまった。とくに人間関係をイチから築こうと意識した現場ほど委縮してしまった。いきなり訪ねてきた人物から「あなたたちを調査したいのです」といわんばかりに、現場の問題や個人的な事情をたずねまわられたとしたら、それ自体が「問題」ではないのだろうか。仮に、最初は「ボランティア」として参与するとしても、いつまでそれを続ければ、「フィールドワーカー」としてインタビューを開始してよいものなのか。フィールドワークどころか、社会学すらまったくわからないままだった当時の自分にとっては、目の前にいる人たちに自己紹介をはじめるところから大きな悩みを抱えていた。

さらにいえば、各地のイベント見学を経たうえでの疑問も生まれてきた。それは、筆者が最初にかかわった阪神間のあるマダンでは、当日のパフォーマンスを除いて在日コリアンの当事者は関与せず、教育現場の日本人支援者によって企画運営が担われていたことだった。つまり、筆者が調べようと思ったそうしたイベント現場での人間関係は、祭り当日には（企画者を通じて）調査者に確認できるかたちで存在していたとしても、翌日に同じ場所を訪れてもその関係は「見える」ことがない。とすれば、参加する人びとが帰っていく「見えない」日常にこそ、祭りを考えるうえでも探究すべき課題があるのではないか…。

このように実際に足を運んだものの、実行委員会での筆者自身と現場の人たちとの人間関係のみならず、調査計画プランと生きられた現実との間にもギャップが感じられた。言い換えれば、現場の人間関係や明らかにしたい対象をみようとすればするほど、自分にとってのフィールドはいったい「どこ」にあるのだろうか、と当時の筆者を戸惑わせていた。

動き出す現実と関係性をめぐる逡巡――「当事者」によろこばれる／「支援者」におこられる

こうした戸惑いは解消されることのないまま、現実だけがどんどん動いていった。結局、筆者の居住地にもほど近く、かつ、学部時代から出入りしていた阪神地域のマダンとのかかわりだけが、最も気楽に続けられた。フィールドのあり処や研究の方向性は、依然、覚束ないままだったが、この現場で起こる人間関係の変化に徐々に巻き込まれていくようになった。

その最も大きな変化は、阪神間のマダンにおける日本人支援者たちと、マルガリータさんというラティーナ（ラテンアメリカ系女性）の当事者との出会いによってもたらされた。彼女は、１９９１年に国際結婚をきっかけにペルーから来日し、同じく国際結婚で韓国から来日した女性に紹介される形で、２００５年のマダンに参加した。そのマルガリータさんが、自身の親族や同じ団地に住む近所のラティーナたちと、マダンの日本人教師たちにはたらきかけることで、２００６年の10月末より、地域の小学校の教室を借りて日本語教室が開かれる運びとなった。

なぜ、ラティーノの人たちのための日本語教室を開くのに、マダンの日本人支援者たちが重要な役割を果たしたのか。その背景には、阪神地域（兵庫県）に居住するペルー系の人びとの人数が、全体でも９００人程度（当時）であり、愛知県・静岡県・群馬県・神奈川県など、中部から関東にかけた５０００人以上の居住実態がある県の実態と比べた際に、相対的に少ないことがあげられる。このような居住者数の違いは、ショッピングセンターやレストランといったエスニック・ビジネスや、民族教育のための学校といった、自前の施設の有無となって都市空間に見えるかたちで現れる。それはひいては、彼らに元々馴染みのあるスペイン語やポルトガル語でもって日常生活を行えるかどうか、という点にかかわってくる。つまり、人数が少なく、生活圏が日本語の環境に依存せざるを得ない阪神地域ではとくに、当事者自らが日本語を学ばなければ、日常生活のさまざまな場面での問題に直結してしまうという状況があった。

さらにいえば、ラティーノの多くが労働（雇用）状況に従って移動しているが、日本語を学べる環境は限られており、また、彼らの労働市場上の雇用は派遣業務が多数を占めているため、貴重な休みの日に遠方の日本語教室まで勉強のために足を運ぶこと自体が難しい（しかも教室の多くが「プロ」ではなくボランティアが教える手弁当のものだ）。こうした問題の解決策は、実質的に地域社会の自主努力に丸投げされているのが現状である。だが、彼らと異なる労働環境を生きている日本人で占められた自治会等の地域住民組織にとって、数も少ない彼らの存在は、まさに（先行研究でいわれるような）「顔の見えない定住者」として不可視化されていた。このため、マルガリータさんたちの住む団地には日本語を学ぶ教室はおろか、その機会すらなかったのである。

彼女をはじめ数名のラティーナからのお願いも、こうした背景の下でなされた。戦後長らく在日コリアンによる社会運動や、阪神・淡路大震災時のボランティア支援の蓄積がある阪神地域、その系譜のひとつに位置づけられるマダンの現場やその実行委員長である久本先生のような人物は、彼女たちにとって、自らの生活をよりよくしていくためにアクセスできる稀有な存在だったのだ。

このときより筆者は、久本先生の依頼により、教室を立ちあげる準備会議の記録係として現場とかかわるようになった。それ以来、毎週日曜日はマダンが開催される地域の集合団地近くの小学校へと出かけるようになった。教室では、子持ちのマルガリータさんたちの要望により一家族の年間費を1000円程度にし、大人たちが日本語の勉強をするかたわらで、授業中の乳幼児への見守りと小中高校生の勉学も同時に行われた（写真3）。これらの対応は、久本先生を中心に退職した元学校教師や、地域の国際交流にかかわりのある、または興味のある人をボラン

写真3　集合団地の掲示板に貼られた教室の活動内容を知らせるビラ
スペイン語と英語で表記されている．2007年1月 筆者撮影．

ティアとして募集するかたちで行われた。具体的な担い手としては中高年の女性を中心に数十名が参加した。そうこうするうちに筆者の週末は、この日本語教室の運営ボランティアへのメール連絡や会議への出席、そして子どもの学習支援者としての活動が占めるようになっていった。

やがて、教室のオープンから暫く経ったある時、マルガリータさんに「稲津さん、今日の午後、ちょっとだけ時間ある？」と声をかけられた。翌々年に高校受験を控えた長男の勉強をアルバイトでみてくれないか、というのだ。教室で彼の学習支援をしつつも、週1時間半程度という学習時間の限界を感じていた筆者は、これを安値で引き受けることにした。こうして教室が開かれる日曜午前のみならず、土曜にも彼女の家族が住む集合団地を訪れるようになった。肝心要の成績は伸び悩んでいたが、両親たちはこれまで剣道とＴＶゲームにしか夢中になれなかった長男が机に向かってくれたという事実が喜ばしかったようで、自宅で昼食をご馳走になるたびに、私は非常に複雑な気持ちを抱いていた。

それでも噂は噂をよぶのか、数週間経つと、教室にはめったに顔をださない別のファミリーからも家庭教師のアルバイトを引き受けるようになっていた。だが、ある日の日本語教室でのこと。その事実を伝え聞いた久本先生から、「せっかくこの場所でつくりあげようとしとるコミュニティが、できんようになるやないか!!」と、こっぴどく怒られてしまった。このとき、久本先生のような中心的な支援者の念頭には、２００５年11月に起こった広島女児殺害事件とマスメディアによる過剰な報道があった。これは下校途中の小学校1年生の女児児童が猥褻行為を受けた後、絞殺され、遺体が段ボールに放り込まれたうえ、住宅街に放置されたという事件である。事件から約1週間後、定住者の資格で来日していたペルー国籍者の男性が逮捕されたが、当時の報道では「ペルー人」による犯行と、「外国人犯罪」による治安悪化と、国家や地域でのセキュリティ対策が（統計的な裏づけがないにもかかわらず）強調される論調が取られていた。

こうしたなか、学習支援と同時に、震災学習や消防署職員を招いた心肺蘇生訓練を行うことを通じて、ラティーノの人びととともに「地域に根ざした」活動を展開しようとする日本語教室の立場からすれば（写真４）、筆者の個人的な動きにより、教室の学習に参加する子どもや当事者家族が減ってしまうことへの危惧があった。筆者自身はアルバイトを引き受けてからも継続的に活動に参加し続けていたが、実際のところ、パーティなどの交流の機会には参加するが、日曜午前の学習活動には姿を見せない者も（支援者と当事者を問わず）出てくるようになっていたからだ。

今となっては、教室への相談もなくマルガリータさんたちのお願いを個人的な依頼としてとらえたことを反省しているが、一方で、教室の支援内容に限界を感じてもいた。確かに、「ペルー人」をはじめ「外国人」へのいわれのない偏見や監視のまなざしを変えるために、教室活動を通じて地域社会で「コミュニティ」をつくっていくことの重要性もわかる。だが、教室ではなく自宅での子どもの教育機会を望む当事者の個人的な呼びかけにも応じていかなければ、彼らの進学や将来の就職へと影響することはまちがいなかった。こうして筆者はいつの間にか、ペルーから移動してきた人びとにとっての構造的な社会問題に、「支援者」と「家庭教師」として直面するなかで、あちら（支援者）を立てれば、こちら（当事者）が立たず、という人間関係の渦中に放り込まれていたのだった。

写真４　ボランティアの打ち合わせで確認された当時の教室スケジュール
2007年１月筆者撮影．

ホセさん一家と過ごした出来事――自己との対峙

やがて、その矛盾が一気に顕在化し、筆者に自覚させられた出来事と遭遇する。忘れもしない、２００７年2月11日のことである。その日も筆者はマルガリータさんの自宅で家庭教師をしていた。日も落ちる頃、彼女がいうには、同じ団地の別棟に住んでいる妹のルーシーさんとその夫のホセさん（彼こそ、冒頭で紹介したエピソードの人物である）の自宅に、久本先生が車でやって来るという。ならば先生に駅まで車で送ってもらえばよいのでは、という話になり、ホセ夫妻の部屋へ向かったのだった。

久本先生がやって来た直後、ホセさんも食品工場での派遣業の勤務（当時の彼の仕事）を終えて帰ってきた。先生曰く、公立学校（中高一貫校の前期課程）を3年で中退した彼らの長女、ナンシーさんに夜間高校を受験するよう促しにやってきたという。筆者もこの流れに巻き込まれ、彼らとともにナンシーさんの進路について話し合いに加わることになった。だが、やがてルーシーさんとホセさんが娘の教育方針をめぐる違いから、ペルーへ戻るか、日本に居続けるか、という選択をめぐって口論を始めてしまった。神戸市にある食品加工工場への派遣業務の疲れで眠っていたナンシーさんも、この両親の口論に耐えきれず居間に現れ、われわれが囲んでいたテーブルの椅子に不服そうに腰をかけた。そして久本先生とナンシーさんの間で「学校へ戻ろう」、「戻らない」の応酬が繰り返されていったのだった。

そして時間の経過とともに、言語や学歴の問題からペルーへ帰りたくとも帰国後の生活が困難であること、また、日本での慣れない教育にはついていけず時給７５０円で働く道しか選べなかったナンシーさんの悩みが徐々に、彼女の口から直接語られるようになった。それに呼応するように、マルガリータさんやルーシーさんからも日本語教室の場では話題に上らない、ペルーでの学歴・職歴と日本での労働環境でのギャップをめぐるジレンマが語られながら、言葉が交わされるたびに誰かの涙声が聞こえるような場へと、居間の空気が変わっていった。

そしてホセさんからも、上述の広島の女児殺害事件を契機として、在留資格である定住者の条件変更がなされたことと、それがきっかけとなり、資格更新の際に母国で犯罪にかかわった経歴のないことを証明する書類を提出しなくてはならなくなったこと、過去に日本の警察から駐車違反を通じて罰金を支払わせられた記憶、そして子どもたちが自宅で騒いでしまうために近隣住民から自分たちが当局へ通報されてしまいかねないという未然の恐れまでもが、堰をきったように語られたのだった。それらはどれも日常を過ごしていれば、私たちでもふつうに遭遇しそうな些細な出来事であるが、彼にとっては、それで今にも「もうだめ」になってしまいそうなほど、切迫した問題として経験されていたのだった。

このとき、ホセさん一家から伝えられた内容に筆者は困惑を隠しきれなかった。とくにホセさんが、私たち（久本先生と筆者）のほうをまっすぐに見つめながら語ってくれたことに、まともな言葉ひとつ返すことができなかった。私たちにとってそれまでのホセさんは、普段は教室に来ず、クリスマス・パーティとなれば、サンタクロースの衣装を着て現れては、とぼけたふりで周囲を笑わせるような存在だっただけに、まさに衝撃的な出来事であった。このとき私は、彼らが吐露してくれた内容に応答すらできない自らの情けなさと、マダンによる社会運動や日本語教室の活動次元を超えた事態の「重さ」を感じるばかりだった。それは今にして考えれば、彼らが、「外国人」という立場ゆえに、犯罪不安が高まる社会のなかで監視の対象とされてしまう問題と、子どもにとっては教育機会を奪われることが進学と就職の困難へと直結するという、先にも触れた構造的な社会問題の間にさらされてしまうことの苦悩ではなかったかとも思える。だが、当時の筆者は、この日の出来事をどのように考えればよいのか、まったくわけがわからなくなっていた。

この日は電車もなくなり、結局は久本先生の車で自宅近くまで送っていただいたのだが、帰るなり無我夢中になってこの出来事をノートに書きなぐった。夜が明け、ひと眠りした後も、まだ何か書き足りないものがあった。それは彼らと自分のあいだの関係性をめぐる別種の感覚とでもよぶしかないものだった。そのときに記したブログを読むと、彼らとの関係性について、筆者自身は「日本人」であることから逃れられないけれども、「日本語圏とスペイン語圏、普段、まったく違う世界にいる、僕と彼らは、永遠に、僕と彼らのままだと、感じられていた感覚が、その瞬間、どこかで崩れた」という記述がある。そして、ブログと併せて更新されたSNS（mixi）上のプロフィールページには、家族史・自分史の断片を記すことで、自らに関する移動の過程（ルート）が衝動的に描かれていたのだった。

たとえば、大学入学前より父や父方の親族から聞かされていた朝鮮半島での経験。とくに戦時中は日本人入植地の開業医であった祖父の一家が、兵庫県への引揚後に祖父抜きで生活の再構築をせざるを得なかった話。あるいは、母方の叔母と一緒によく神戸長田の生家を訪ねてくれたハワイ在住の日系アメリカ人の義理の叔父のこと。さらに筆者が阪神・淡路大震災前後まで同地の小学校に通っていたころのさまざまな背景をもつ友人たちとの思い出や、震災避難による彼らとの離散体験、といった具合である。つまり、この出来事にともない、ホセさんたちのような問題の「当事者」の立場に立つことは構造的に困難だとしても（自らは国民国家としての「日本」に帰属させられているとしても）、家族や友人もふくめた自分自身が暮らしてきた日常における移動の諸体験を想起することで、彼らが経験している問題を考えるためのヒントを模索させられていたのだった。

もうひとつの日常から考える——ホセさんのまなざしが教えてくれること

このときの体験によって、筆者自身のフィールド観は、根底から覆されることになった。大学院入学当初は、社会運動としての「マダン」に現場の時空間に限定し、そこで可視化されていた在日外国人と日本人の協同的な関係をみようとするあまり、現場の人間関係を固定的に考え、意識しすぎてしまった。結果、フィールドのあり処がわからなくなるばかりか、問題の核心すらつかめないままに、時間だけが過ぎていってしまった。

しかし、現場での人間関係の変化や、当事者から呼びかけられた役割に応答する過程で、ラティーノの人びとにとっての社会問題と直面していくことになった。「マダン」における人間関係だけを調べようとしていたときとは違い、そのときには、生きられた人間関係をヨソから落ち着いて考えようとするのではなく、ほかならぬ自らもその渦中に巻き込まれていた。とくにホセさん一家との出来事の後には、彼らの問題が、私たちの「日常」と別のところではなく、むしろ、切っても切り離せないもうひとつの日常において起きていることとしてとらえられるようになっていた。

いうなれば筆者は、研究者がフィールドとよぶような人間関係と問題領域に、「いつの間にか」入りこんでいたのだった。

多くの人は、「フィールドに入る」ことを、あたかも自分が慣れ親しんでいないヨソの地域や人間関係にイチから足を踏み入れることとしてのみ想定しがちかもしれない。しかし、調査やフィールドワーク、ひいては社会問題なるものを意識する「以前」の段階の人間関係を延長しながら到達できる問題領域においても、私たちと他者との関係をめぐる重要な課題が隠されているのではないだろうか。

それが同じ日常を生きていながらも、意識されることすら稀有である「顔の見えない」マイノリティの問題であればなおさら、私たちと彼ら彼女らのあいだに引かれた見えない境界を、身近なところから越えていくための発想やステップが重要となるはずだ。

振り返ってみると、筆者にとって、慣れ親しんだ「日常」における人間関係の変化に戸惑いながらもあえて身をさらしていくことが、（いわば、私たちにとっての問題としての）他者の問題へと導かれるうえで必要だったように思える。その関係の変化の延長線上で、地域で不可視化されているもうひとつの日常のリアリティが浮き彫りにされたのだったが、そのように私たちが何気なく過ごしている「日常」に隠された社会問題に意識的になるためには、ホセさんという他者から直接まなざされるという体験が不可欠であった。

筆者のわずかな経験からフィールドワークや人間関係の「極意」として断言できることはないが、少なくともそれは調査者の一方的な視線や思いこみのなかにだけは決して存在しなかったということはいえるかもしれない。フィールドの時空間を一方的に設定し切り取るような視線ではなく、当事者との生きられた関係性のなかから、ときには自分自身の立ち位置をも根源から問い直すようなまなざしを受けることを通じて、今の社会を批判的に論じるための確信と方向性を得ることこそが、筆者にとっての「フィールドに入る」過程で重要な出来事であった。

では、そのホセさんのまなざしは、いま、いったいどこに向かい、そして何を示しているのだろうか。

先の出来事の後、ホセさんと、彼以外のルーシーさんと3人の子どもたちは、日本とペルーの間で別居するようになった。両国を行き来した家族生活が続くなか、長女ナンシーさんはペルーでも就職できず、また日本でも復学ができないまま、子どもを身ごもってしまう。冒頭にも紹介した、彼の「ビョーキ」のごとき“Video”撮影は、この初孫の誕生を契機に始まったのだが、今では冒頭の催事のような場に留まらず、彼の娘や孫、ひいては彼の店を訪れる人びとと過ごす日常へのまなざしが、インターネットを通じて社会的に発信されているようになっている。

最近のレストラン・バーの映像を通じて私たちがみることができるのは、彼と親密な仲にある者の姿に加えて、店の近くに位置する工場群で勤務する多様な背景をもった人びとが飲食したり、音楽でともに歌い、踊ったりする様子である。ペルーのみならず、ラテンアメリカ諸国出身者をはじめ多国籍者が往来する彼の店には（マダンの取り組みのように）、地理的な意味での阪神地域に限定されないエリアからの人の流れが渦のように交錯している様子がうかがえる。だが、多くの人びとにとって、こうした身近な世界に拡がる多文化的現実は、依然として「顔の見えない定住者」たちのお話であり、いわば自分たちの「日常」には一切関係のない他人事として、場合によれば、当局に監視させておくべき対象としてのみ考えられているのかもしれない（実際、ｗｅｂ上に公開されたホセさんの映像コレクションがそのために用いられる恐れも否定できない）。

しかし、ホセさんはじつのところ、彼らの顔（店）を正面からみようとしない私たちのそうした「日常」的な無関心さをこそ、自分の身近な日常を映してみせることを通じて（明確な意図があるかどうかは別として）逆説的に教えてくれているのではないか…と思うのは、筆者の考えすぎだろうか。たとえば、彼がレストラン・バーを開く際には、facebookを通じて開店前の様子が私を含む「友人」たちに伝えられた。夜更けごろと思われるその"Video"には、店の内側から、扉のむこうに面した公道が映しだされていた。お世辞に

写真5　レストラン・バーからみえる公道を走るトラック
2012年2月　ホセさん撮影.

も見通しがよいとはいえない間口から映し出された道路には、トラック、タクシー、そして自家用車と歩行者が—まるでこの店があってないかのごとく—次々と通り過ぎていく（写真5）。これは、彼らが過ごす日常が私たちの「日常」と断絶しているどころか、むしろ分かちがたく結びついているという重要な事実を教えてくれているように私には思えてならない。なぜなら、この扉のむこうに映った人たちは、もしかしたら、ホセさんたちと出会う前の筆者や（この本を読んでいる）あなた自身かもしれないのだから。

参考文献

・梶田孝道編（２００５）『新・国際社会学』名古屋大学出版会.
・梶田孝道・丹野清人・樋口直人（２００５）『顔の見えない定住化—国家・市場・移民ネットワーク』名古屋大学出版会.
・川端浩平（２０１３）『ジモトを歩く—身近な世界のエスノグラフィ』御茶ノ水書房.
・稲津秀樹（２０１０）日系ペルー人の『監視の経験』のリアリティ—〈転移〉する空間の管理者に着目して、「社会学評論」61-1, pp.19~36.
・稲津秀樹（２０１２）移動する人びと／エスニシティのフィールドにおける〈自己との対峙〉—可視性に基づく問いから関係性に導かれた問いへ—、「社会学評論」63-2, pp.190~201.
・モーリス-スズキ、テッサ、松村美穂・山岡健次郎・小野塚和人訳（２００９）液状化する地域研究—移動のなかの北東アジア、「多言語・多文化—実践と研究」2, pp.4~25.
・山北輝裕（２０１１）『はじめての参与観察—現場と私をつなぐ社会学』ナカニシヤ出版.

12 家族、友人、アシスタントとともに

フィールドワークという暮らし

椎野 若菜
SHIINO Wakana

フィールドで暮らしはじめる

どこで調査するか――。アフリカで人類学をやりたい！と思っていたものの、正直、フィールドに入る具体的なプロセスはまったく想像できなかった。はじめは、読んであこがれた民族誌の牧畜民の世界に入ろうと思っていたが、大学院に入り「ルオ（Luo）」人の文化を調査をすることになった。そこで、ヴィクトリア湖を取り囲むように居住するルオの人びとの土地、ケニア西部にどう入るかが、当面の課題になった。

まずは、ぐるっとルオランドを北方から南方にバックパックで一人旅をした。急に訪ねた旅人にもかかわらず、さまざまなお宅で歓待されながら、調査地としての条件を吟味していた。その結果、ナイロビから400㎞あまりの、ルオランドの南部、ルマ国立公園近くの村落部に滞在することに決めた。吟味した事項もさることながら、まず第一に、ホストファミリーの候補だった人びとが、なんともすんなりと受け入れてくれたことが大きい。

ミゴーリとよばれる町で出会った、アニャンゴという名の私と同い年の女性の実家を訪ねたとき

だった。「おいてもらってもいいですか？」と聞くと、アニャンゴの母さん（ママ・アニャンゴ）はなんのためらいもなく「居なさい居なさい」といってくれた。そして私をなんの特別扱いすることなく、食事時には〝どん〟と主食のウガリ（トウモロコシの練り粥）が文字どおり山盛りで出てきた。ルオ人はウガリが大好きで、食事には欠かせない。おかずもボウルに山盛り、その山をみなとともに崩しながら、同じ皿から食べた。ともにマーケットに行き、畑に行き、食べ、ときに笑い、悲しむ――というママ・アニャンゴと子どもたち、ママの僚妻（一夫多妻の妻は複数いるので、このようによぶ。英語では co-wife）である第二夫人のサラとその子どもたちとの村の生活が始まった。

ふっと、こんなに簡単にフィールドを決めていいのかな、という気もしたが、自然に始まったのでいいことにした。

ママ・アニャンゴは夫をすでに亡くしている寡婦だった。40人の妻をもつアクク・デンジャーとよばれる、ママの亡き夫の「父」に相当するムゼー（老人）がいるから、ここ一帯は大きなファミリーなのよ、とママはよくいっていた。ママ・アニャンゴの家族だけでも、日本人からすれば大家族だ。アニャンゴはママの長女ですでに嫁にいっており、つづく長男は亡き夫のつてで出稼ぎに行っていた。四番目の三女は、町で美容院を経営しているママの妹のところに暮らし、小学校に通っていた。家に

写真1　ママと食事

私の大好物のビーンズシチューとごはんをともに.

いる子どもたちは小学校を終えた次男と次女、小学校高学年の四女と、小学校低学年の末っ子の男子の4人だった。同じ敷地内には、第二夫人のサラも暮らしていた。サラには男の子3人、女の子1人がいた。上の二人は小学校高学年、真ん中は中学年くらい、末っ子はまだ幼稚園だった。

ママとは、私の片言のスワヒリ語で話すことから始まった。第二夫人のサラは、カレッジをでていたので英語ができた。彼女はルオ人とは別民族のルイヤ人で、嫁に来たときはルオ語もルオの慣習も何もわからないところから始めたのだといって、ルオ語がわからない私を助けてくれたのだった。また、すぐ隣あわせの敷地に暮らす小学校の教師をしているジュリアスのうちにいくと、妻のリネットも高校を卒業しており英語を話すので、会話ができた。

フィールドに暮らしはじめる、といってもなれるまで、やはり日数がかかるものだ。フィールドワーカーにはある程度の「環境適応」はもちろん必要だが、自分が日常をそこそこ快適に過ごせるように自分でも環境づくりをしなくてはならない。時間がくればおなかがすく、トイレにもいく、汗をかくし水あびもしたい。夜寝るのはどこにするか。長期滞在であればとりわけ、なるべく安全な飲み水と安眠できる場所の確保は、私にとって大前提だった。

ルオランドは水の質が悪く、アメーバ赤痢、腸チフスなどの疾患が多いので有名である。しかもヴィクトリア湖に

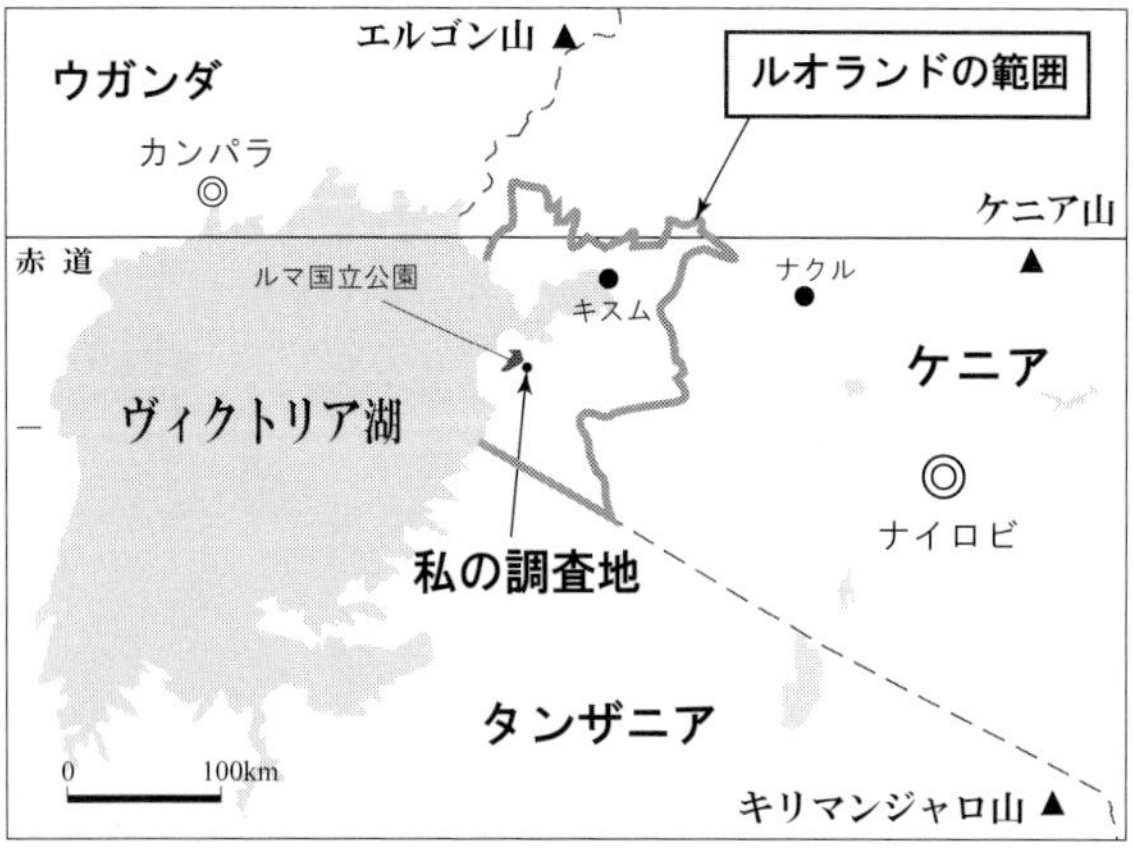

図1　私の調査地，ケニアのルオランド
ルオランドは，キムス市を中心軸にヴィクトリア湖北東部を囲むルオ人居住エリアをさす．

は住血吸虫がいる。私が暮らすことを決めた村は、湖からは少し離れた川沿いにある村で、国際NGOのCAREがつくった井戸が小学校の近くにあり、飲み水はそこから15分ほど歩いて運んでいた。この点もフィールドをこの村に選んだ大きなポイントで、安全な飲み水へのアクセスのある安心感は何ものにも変えがたかった。家のなかにも井戸があり、飲み水以外は井戸の水か、池の水か、川の水を使っていた。

プライベートは、なし

まったくの一人になるとき、といえば水あびをするときと用をたすときのみだった。その限られた一人の時間の楽しみをつくったこともあった。私は酒もタバコも必要な人間ではないが、いわゆるスイーツは欠かせない…日本の食事から比べるとはるかに単調であるので、毎回おいしくいただきつつも飽きてしまうのだ。日本からもってきた、あるいは首都ナイロビから買ってきたビスケットを大事にしまいこみ、水浴びのときにひとかけら口に入れる！というのがほんの一瞬の喜びだったこともある。一人で家をでて、誰かのうちに行く途中の藪道で大きなビスケットを一枚、口にほおり込むこともあった。バターの味がじゅわっと口に広がる…本当は味わいたいのに、一口で飲み込む。藪のなかでも途中でばったり、人に会ってしまうかもしれないからだ。子どもがたくさんいるので、お菓子をいちどみせてしまえば私のところには残らない。夜中にこっそり食べたクッキーの袋を、朝に子どもがみつけてにおいをかいでいるのをみてからは、注意しなければ！と思った。

用を足すときも、下手すると一人にはなれない。私の村にはトイレがなかったので、藪に向かって用を足しにいく。私が腰をあげると子どもたちがついてくるので、苦笑しながら追い払わねばならない。長女のアニャンゴが嫁ぎ先から実家にもどってきたときは、一緒にトイレにいこう！と用を足しながら話すこともあった。マーケットからの帰りなども、歩き・話しながら、女どうしだと用を足すのだ。一度、一人で用を足しにいったときに、めったに会えないモグラに遭遇したこともあった。

寝るのも子どもたちと一緒だ。出稼ぎにいっている長男が建てた小屋で、2人の妹と弟と寝ていた。長男やほかの親戚などがたまに戻ると、同じ小屋にくる。私もパピルスのマットの上に寝て、まさに川の字で寝ていた。

私の持ち物は、人に盗られてはいけないと、ママが管理していて、ママの居間にサンドゥク（薄い鉄製の衣装ケース）一つとザックがつまれた。下着以外の洗濯は一緒にしてもらった。食事のしたくは、ほとんど毎回手伝った。まさに今日のおかず、を得るところからである。ママは貧しくウシをもっていなかった。家で飼われているものといえばニワトリのみ。食べることもめったになかった。私のために屠られたことはなく、滞在している間に覚えがあるのは、長男や長女が帰省したときくらいだった。食事時に、いろんな村人が急にくることもある。食事を始めたあとから不意にくる人に、あるものを分けるのがアフリカ流だ。手を洗うたらいをだし、手に温水を注いで、食事を出す。おわったらみんなの皿をひき、食卓を布巾でふく。そんなことを私が客にやると客が驚き、ママは「うちの娘だからね」というのがうれしそうだった。

ママとしばしば、青空マーケットに一緒に行った。村の近くでは週に3回、マーケットの日があった。ママは社交の場であるマーケットに、ムズング（白人、私のこと。日本人でもこうよばれる）の娘を連れて歩くのがうれしかったようだ。買い物が目的でいくこともあったし、スクマウィキ（葉キャベツあるいはケール）がママの畑で充分に育ったときは、袋にたくさんつめて売りに行くこともあった。またママの代理夫（夫の死後にもつパートナー、文字通り、代理の夫）やその妻たち、また恋人とのやりとりも、マーケットの行き帰りや、マーケットで行われることも多かった。

マラリアになる

ちょっと暮らしに慣れたころだった。お腹がゆるくなったか、と思いきやどんどん具合が悪くなった。ママのベッドに横たわらせてもらい、とたんに熱があがりだした。食事の時間になっても、とてもじゃないけれど食べられない。ウジ（トウモロコシとモロコシの粥）はどうか、といわれても、私は独特のかおりがする村のウジは苦手だった。こんなとき、トイレがないのはきつい。ふらふらと小屋をでるとかんかんと容赦なく太陽が照りつける。さらにふらっとしながら、藪にむかう。子どもたちも、私が病気だとわかっているので、ついてこない。とりあえず近くの藪に隠れて用を足す。またふらふらとベッドに戻る。熱で頭が重い。

日本では魚をよく食べる、といっていたからか、ママが魚を料理してくれた。しかし、残念ながら食べられない。スープをがんばって一口飲んだだけだった。さらに、熱がぐんぐんと上がり、しばらくすると身体がぶるぶる震えだした。まさに、これだ、と思った。マラリアだ。疲れるので身体をとめたいのに、全身の震えがとまらない。笑えるほど、歯がかちかちかちかち鳴った。そしていつの間にか疲れて寝てしまったらしく、ママや誰かがようすをみに来て起きる。薬はもっているか、と聞かれ、治療薬としてコテキシンをもっていたので、それを飲むことにした。さらに、おばあちゃんがつくったという、緑色のハーブの水薬を飲まされた。苦い。また寝て、どのくらい時間がたったかはわからない。ママがきて、水をのみなさい、といわれて飲もうとしても吐いてしまった。水を受けつけないので、さすがにママも心配し始めた。

あれこれ考えた。このあたりでは評判のいいイタリアカソリック系の病院までは遠い。車もない。そもそも、乗り合いタクシーの通る道路までの藪道を誰が連れて行ってくれるんだろう、そこからどうするんだろう。このままここに居るのか・・・どうなるんだ、私・・・頭ががんがんと割れるように痛くて、高熱で朦朧としていて、よく考えられない。

やがて真っ暗な部屋で、ぱちっと目がさめた。時間がどれだけたったかは、見当がつかない。それでもなんだか、峠をこえたような気がした。まだ耳鳴りのようなものがして、膜が張った感じでよく聞こえない気もした。夜中に小学校教師のジュリアスと、医者の親族がやってきて、私のようすをみにきた。まあ、大丈夫そうじゃないか、と。ママもちょっと安心したようだった。

それからしばらく、バナナと紅茶ですごし、徐々に回復して元気になってきた。このマラリアを経験したあと、改めて、自分が身のまわりのことだけでなく、精神的にもママにずいぶんと頼っていたことがわかった。ママも、自分のベッドを私に明け渡して、隣の居間で寝て、看病してくれた。ママとの関係も、私のマラリア経験でぐっと異なるものになり、まわりの家族や村の人も、このマラリア騒動のあと、私により近しくなった気がした。

写真２　マラリアを患ったあとの記念撮影

いよいよ調査もどき開始

村の一見穏やかな日常のなかで時折おきること、それは葬式関係の行事だった。朝夕にオロロー、オロロー、と泣く声が響き渡ると、その方向から、誰それのうちだ、どのあたりの村だ、とわかるらしい。ママについて、死者のでた家によく足を運んだ。もちろん私はママの親族関係にそって、つまりママの娘として動くことになる。亡くなった人が近しいほど、葬送儀礼のコミットの仕方が深くなる。最も近い人の場合、埋葬の日までずっとその人の家（家屋のある敷地、コンパウンド）に集まって時間をすごすことになる。そこまで近しくない場合は、亡くなった日の弔問、その夜、埋葬の儀礼、埋葬の夜の儀礼、などへの参加である。また亡くなった人が男性で老人だった場合は亡くなったあと半年や一年後に、また儀礼をする。

「調査」として何をしたらいいかわからなかった私も、自然にママについていき、ルオの人びとの葬送のやり方について調べていくことになった。葬送儀礼には多くの人が集まるので、知り合いもできる。するとそのあとに、別の人のお宅に尋ねる、ということが芋づる式にできるようになってきたのだ。また、とりわけ埋葬式の夜は、大きなスピーカーとカーバッテリーをもった人びとが遺族に雇われ、音楽が供された。プレッシャーランプ（加圧式灯油ランタン）で死者の屋敷地が煌々と照らされ、ケニアのポップスやルオ・ポップス、中央アフリカのリンガラ、南アフリカのポップスがカセットテープで夜通し流され、人びとは死者のために集ってにぎやかに一晩中踊る。牛が屠られ、食事が振舞われ、大きな宴が催される。既婚者が亡くなった場合はとりわけ、地元のクラン（氏族）とは異なる、嫁に来た女性の親族が弔問に来るので、若者にとっては出会いの場となっている。ルオ人は同じクランの人間同士では結婚できないからだ。

こうして葬送イベントに通ううち、亡くなる人によって儀礼の数が異なること、埋葬する場所もさまざまで、何かしらルールがありそうなことがわかり、それをもっと詳しく調べることに決めた。とはいえ、とりわけ弔問や埋葬の儀礼にいつも尋ねる、というのは悲しみの空気のなかに身をおくことであるので、それ相応のストレスもたまる。しかもカメラマンとして、遺体を写してくれ、遺体とともに写してくれ、という依頼もでてくるようになり、生前知らなかった故人と遺体で対面したのち、遺族との関係性をもつようになることが多くなってきた。

こうなったら、調査として割り切るしかない。はじめは儀礼のその場にきていた学校の先生で英語のわかる人に聞く方法で調査しはじめた。そのうち、もっとシステマティックにやらねばと思い始めた。

女性調査者の抱えるリスク

最初期は暮らすことが精一杯で、どう調査すればいいのだか、と考えあぐねいていた。まずは、母、そしてその「娘」である自分の関係を軸に、誰をどうよぶか。近しい家族・親族の関係を覚えていくことが仕事である。人類学の調査などというものができるのは、そうしたことが整ってからだろう。また、どんな調査をするかによって、誰に助手をお願いするかも変わってくる。それ以前に、現地の言葉がわからない段階では、英語の読み書きができて説明をしてくれる人は重要だ。すると高校以上の学歴の人、そして定職がなくぷらぷらしていて、私といつも行動をともにしてくれる人、が条件となる。この条件で、村内で人を探すのはけっこう大変だった。まず、村内の女性のほとんどは、小学校もちゃんと卒業していない人が多い。たいてい、途中でやめて嫁に行く／来るので、英語の読み書きができる人はおらず、自然と男性に限られてくる。すると私が行きたい儀礼が夜に行われることがあるので、夜道を2人だけで歩いてもちゃんと安心できる人、という条件もでてくる。

日中の藪の道中でもやたらと口説いてくる人もいて、調査内容を質問したり議論したりするよりも、その求婚の類の話をかわすことのほうに時間とエネルギーが割かれ、消耗してしまうこともあった。数人の男性と居たとしても、彼らのなかで話し合って、ふいに2人にされる恐れもある。夜に出かけるのはとくに用心しなければならない。冗談をいいあう友人になった、と思っていた青年が夕方、私の寝起きする小屋に待ち伏せしていたこともあった。ごめん、そんな気はないよ、と丁重にお断りした青年もいたし、葬送儀礼のために村の外からやってきた青年に押し倒されて、必死に全力で蹴っ飛ばして逃げたこともある。とりわけ調査との関連で困ったのは、40人の妻をもつアククの、私と同い年の息子だった。どこの妻の家にいるかわかりにくいアククの情報は、息子ならば比較的簡単に父とのコンタクトがとれ、妻たちにも息子として知れ渡っているので、アククの家族を知るには必要だったのだった。しかし結局、毎回、会うたびに口説きが激しくて、彼を避けざるを得なくなった。

やっとみつけたアシスタント

村に暮らしはじめて2カ月もしたころだったか、一人でも村のなかをだいぶ歩けるようになった。知り合いができたところには時折、日中は一人で訪ねていた。ある地域で小学校の先生をしている人のお宅に遊びにいくと、親戚であるという青年オボニョがいた。彼は私がまだ行ったことのない、村の端のほうに暮らして

写真3　アシスタント，親友のオボニョ

いる人だった。物静かな、落ち着いた感じの、でもチャーミングな笑顔をみせる人だった。彼の案内で家を訪ねると、屋敷地内はさまざまなフルーツの木が植えられ、植木もきれいに高さをそろえて刈られていた。また彼の小屋にはお手製のデザインも考えられた椅子、棚が壁にしつらえられ、その壁にはきれいに幾何学模様が施されていた。

彼は村のなかではママ・アニャンゴの家族らとは異なるクラン出身で、村のなかではあとからやってきたクランの出身だった。両親があまり教育に熱心でなく、残念ながらセカンダリースクールには行かせてもらえなかったという。あとで家の「弟」たちに聞くと、彼は小学校の最終試験でもクラスのなかでもハイスコアをとり、村では有名だった。人の多いママ・アニャンゴの家から離れて静かな彼の家をときおり訪ねて話をするうち、英語については不安なところもあったが、調査の手伝いをしてもらうことになった。

オボニョとは村の成り立ちについての話を聞くために、村内あるいは遠方に暮らす長老の家へ何時間も歩いていった。村内では接触するのすら村人に恐れられている呪医の家に話を聞きにいったり、寡婦に話を聞きにいったり、彼の親族の家へ泊まりがけで結婚式に参加しに行ったり、さまざまな時間を共有した。村で開かれる夜の儀礼にも来て、私に付き添い、終わると夜更けに月の光を頼りに私を家まで送り届けてくれた。また楽しみだったのは、調査についての質問・議論を熱心にして遅くなると、彼のお母さんが畑からの落花生とお茶を出してくれることだった。ママの家では落花生は貴重品で子どももたくさんいたので、ほおばるほど食べることはなかった。

お礼に何かお支払いしたい、と何度いっても、君の友達としてやるんだ、と彼はいつも答えた。そこで首都ナイロビに出るたびに、私は辞書や本など、彼へのプレゼントを用意することにした。彼のほうはといえば、そうしたプレゼントは楽しんで受け取ってくれ、また頼んだことは私が日本に帰っても手紙で送ってくれ、また私が博士課程への試験をうけたときにもサクセスカード（東アフリカで受験前の学生に送る「うまくいきますように」という内容のカード）を送ってくれた。

もう一人、調査の助手を頼んだのはティモシーだ。彼は私と同い年で、カソリック教会の援助をうけてセカンダリー（高校）を終了し、ときおり教会で礼拝、説教師をしていた。彼の屋敷地コンパウンドや家屋内は美しくなく（わらぶき屋根はよく雨漏りしたが、それも放っていた）、また彼の筆跡は雑だったが、老人とのインタビューをコーディネイトするのはうまかった。インタビューしたあと、私が漏らすこともたくさんあるだろうと思い、作文をしてもらった。私も家に帰って復習してまとめ、質問がでたら彼に聞き、議論して、また次のインタビューに盛り込んでいった。その作業は2人とも楽しんでやった。彼はサラリーの支払いを希望して、インタビュー1人あたりいくら、と契約をかわした。オボニョは優しくて私に注文をつけることはほとんどなかったが、ティモシーは、インタビューしたい人を畑仕事の合間や放牧の合間につかまえたいなら、フレクシブルに家をでて、早朝だろうが夜遅かろうがさっとインタビューに行かなきゃ、と苦言を呈することもあった。ママがいまからお茶をつくる、と引き止められたりすることが多い、というと、ママ・アニャンゴはあまり教育を受けて

写真4　アシスタントのティモシー

いないから、あまり君の仕事を理解ができないのかもしれない、でもお茶がなくとも早く家をでたらどうだ、ということもいった。

調査を理解してもらう

調査を手伝ってもらう人に、私自身の関心やほしいデータのくわしい内容を理解してもらうことが大前提だが、村人や、家族、とりわけママやサラに私が行っている調査について理解してもらうのはさらにやっかいなことが多い。そんなとき、この調査助手2人との関係は助けになった。

また、ある家族の一員となって人びとに近づきすぎると、その家族の視点にのみたって、村の人びととの人間関係、その村の営みをみてしまいがちだ。そういった意味で、異なるクランの人に助手になってもらうのはよかった。近しすぎる親族では話せないことも、多少あらたまって話してくれることがあるのだ。もちろん、異なるクランなので彼らの耳に入らないこともある。そんなときは、私の「弟」に裏をとったり、「弟」を連れて行ったりすることもあった。もちろん、その場に居合わせる人の関係性——息子が入ってきたら話ができなくなる、僚妻や嫁がきたらできなくなる、そういう場合もあった。そんなときは、関係性のわからない私をさしおいて、違う話題にし、また戻る手はずを整えてくれた。また、なんのために私が細かなプライベートな経験を聞きたがるのか、相手をみて、うまく説明してくれた。ティモシーのほうが、それにたけていた。

あるとき、こんなことがあった。当時、インタビューにいくときにミニカセットレコーダーを使っていた。私はそれをアウトドアベストのポケットのなかに入れていた。水浴びをしにいったときに、サラがそれをみつけたようだった。私にはいわなかったが、いじったらしく、彼女の声が録音されていたのだ。「まあ!! あの子、こんなものもってるわ、いやだ！ 何に使うつもりかしら！」。私は、この声をきいて、なんとも、悲しくなってしまったのだった。自分は家族になったつもりで安心して甘えて、好きにしてきたけれど、自分はさてどう思われているのか、急にとても不安になってきた。滞在も長くなって、私も精神的に疲れていたのかもしれない。

暗い気持ちで半泣きの状態でオボニョのところに行って、それを聞かせた。するとオボニョは、「田舎の人はこういうカセットをみるとＣＩＡ、スパイだと思うんだよ」と笑っていった。「大丈夫だよ」。オボニョに話して、すこしすっきりした。

ティモシーにも話した。彼はしばしば、「ママ・アニャンゴはもっと君の仕事を理解すべきだ。仕事がうまくできるように、協力してもらわないと」というような人だった。彼はこのミニカセットをとても喜んで使った。「君がいなくても、インタビューしにいってあげるよ、これをもって。聞いた自分がもらしたことも、これを聞きながら書き起こせるからね！」しかし、彼には危なかっしいところもあった。ティモシーが喜んでいつももち歩くので、私が彼を使って何かたくらんでいると人びとが怪しむ可能性もあったからだ。よくよく言い聞かせて、必要なときだけにもち歩いてくれ、といった。すると彼は、盗まれてしまうかもしれないからもち歩くのだ、というのだった。村人は、とくに電化製品については目ざといので、誰が何をもっているのか、すぐに広まってしまう。それを私は恐れたのだった。

乳幼児を抱えたアシスタント

ママ・アニャンゴの隣の屋敷地に、学校教師ジュリアスとリネットの夫妻が暮らしていることは前に述べた。初めてリネットに会ったころは、彼女には3歳と4歳くらいの2人の子どもがいて、家事と子育てに奮闘していた。だが村でもめずらしい高校出身の英語ができる人で、私もときどきお茶や夕食に彼女を訪ね、おしゃべりに興じた。彼女のほうもいつでもお茶を飲みに来て！と私との時間をとても楽しみにしてくれていた。

私は何度かにわたって調査をしていたのだが、いちど帰国してから数カ月後にルオランドに戻ったら、ママが腸チフスで入院していた。まずは荷物をママの家にもって行ったものの、「子どもだけであなたの世話はできないわ」とリネットは私を自分の家に来るよううながし、彼女のところにお世話になることになった。昼間はどこかにインタビューに行ったり村やマーケットを歩き、夕方に家に戻り、夕食時にリネットやジュリアスと今日一日の話をして、私はジュリアスの弟と同じ小屋で勉強し、寝ることになった。彼は夜に小学校最後の卒業試験のための勉強をしており、私もフィールドノートを整理して書いていたので、2人とも夜遅くまでおきていた。便利だったのは、わからないことをすぐ隣の机で勉強する彼に聞けたことだった。この数カ月の期間も貴重だった。

リネットは、そのころには小学校低学年になっていた2人の子どもと乳児の子育ての傍ら、食事・水浴び・洗

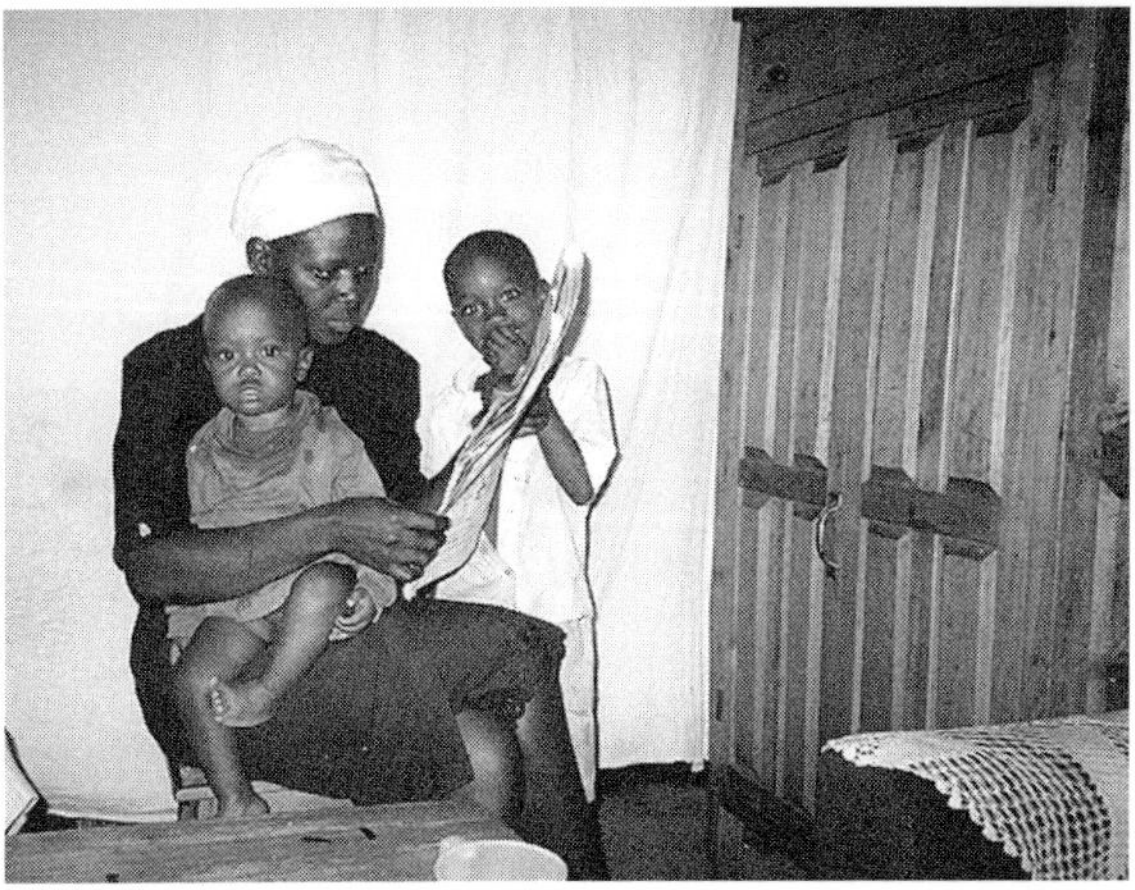

写真5　リネット
家事と子育ての合間に新聞を読み，私の調査の手伝いをしてくれた．

濯そして私の世話をしてくれた。彼女の義父（ジュリアスの父）は村でも有数の長老で、昔のことをよく知っていた。その老人に村の歴史、ルオの慣習の細かな質問をするときに、彼女は家事の時間をぬってインタビューを手伝ってくれた。また、私がルオの呪術的な思考について調査したいというと、産婆であり呪医である女性を知っている、自分もお世話になったことがある、ということで連れて行ってくれた。当時、彼女は３番目の子どもをもったばかりで、１歳に満たない乳児を抱きかかえながら、藪の道を歩いて連れて行ってくれた。クリスマスイブのイベントもみたい、と私がいうと、30分以上歩いてその地域では古く大きいカソリック教会に乳飲み子を連れて行き、一晩を一緒に明かしてくれた。夜が明けた朝、朝のミサが始まったところで帰路につき、「帰ったらすぐにチャイ（ミルクティー）をつくるわ！　子どもたちが待ってる！」といいながら朝日をあびて家までの藪道を急いだ。

水道も電気もガスもない家庭では、いわゆる家事が女性には大きな負担だ。そして子どもの世話と、基本的に何もしない夫の世話。自分自身が乳幼児をもったいま、改めて彼女がしてくれたことを反芻し頭が上がらない。

長いつきあいのあと

ママ・アニャンゴは２０００年に亡くなった。腸チフスを患ってからも調子がすぐれないことが続いたという。死因はＨＩＶ／エイズだったという人が多いが、真実はわからない。私はママのために、ママとともに暮らした小屋があったところにブーゲンビリアやティームトゥリー、といった花や木をティモシーとオボニョとともに植えた。

その作業をともにしたティモシーは、３年後の２００３年に亡くなった。まだ31歳、病死だった。

そして翌年の２００４年には、オボニョが亡くなった。悲しいことに、彼とは性格もまったく異なる、ならず者の酒飲みの実兄に殺されてしまった。そしてその４年後、サラは２００８年が始まってケニアが大統領選挙開票後の暴動の渦中にあるときに、近親も埋葬式に集まれないなかひっそり亡くなった。サラもＨＩＶを患っていた。息子がいろいろ試しても治らないので最終手段として検査につれていくと、ラストステージだったという。

ママ・アニャンゴの不調以来お世話になっているリネットはいま、村から出て、近くの町で暮らし、小学校教師をしながら大学にも通っている。第一、第二子は今年から大学生だという。最近になって彼女の携帯のフェイスブックを通じコミュニケーションが楽にできるようになった。私がナイロビにいるとき電話で話すと、さらに修士課程にも行きたい、「人生短いからね！」といった。

私は自分が初めてフィールドに入ってから10年の間に、次々とたくさんの重要な人を亡くしてしまった。もっとプライベートなことを加えれば、フィールドワーク中に、私は自分の父もなくした。携帯電話もない当時、２０００年も終わるころのことだった。日本にいた指導教官から固定電話のある人に、またその知り合いに、という具合に私の村に伝達にきてくれた。そし

写真６　第二夫人のサラ（右）
孫もできて楽しいひとときだった.

て私は、日本に電話をするために村をでて、車の通る道路にでて、町に出る乗り合いタクシーを待った。あれほど日本との距離と時間差を感じたことはない。私のフィールドワークは、人との別れを学ばされることだった、といってもいいかもしれない。

人類学のフィールドワークとはとりわけ、長い時間を要する。それは人生のなかでも多大なエネルギーと多くの時間を割くので、家族になりきり、それが故の楽しさ、また悲しみもともに経験するのである。調査助手といえどもサラリーを払う側ともらう側、というシンプルな関係だけに割り切れない。調査らしきことができるかどうか、というところからお付き合いねがい、ともに歩んでもらう。また、体調が悪くなったり、特定の人間関係に疲れたり、調査がうまくいかなかったりすると、精神的にも疲れて、何かに、誰かに頼りたくなるものだ。そんなときに甘えたり、愚痴をいったりできる存在、励ましてくれる存在も、フィールドワークには欠かせない。

私は総じて、ママ・アニャンゴを心から「ママ！」とよぶようになっていたし、ママに通じない愚痴や相談はオボニョやティモシー、リネットにむけ、どこそこの何が食べたい、という欲求やアフリカの家族に関するおもしろ話や愚痴は日本にいる母や友人への手紙で書いて、自分の心身のバランスをとっていたと思う。

どの人類学者もおそらく、日本ではもてない、血のつながらない兄弟姉妹がいて、父・母がいる。日本人以上に深い友情で支えられた友がいる人も多かろう。人類学の長期の調査とは、支えてくれる現地の家族と、ときに冷静に助言をくれる助手、友人がいればこそできるのだ。もちろん、また遠く日本に居る家族や友人の存在も欠かせない。そしてその調査自体が、調査者の人生の歩み方、ものの見方、考え方を育てている。論文では表せない関係性と経験こそが、人類学という学問、調査という行為を支えていることだけは、間違いない。

編集後記

本書の執筆者たちのほとんどは、本シリーズの企画を担うＦＥＮＩＣＳのコアメンバーたちである。そのＦＥＮＩＣＳを設立したのは、本書の冒頭にも述べたように、分野の異なるフィールドワーカーたちをつなげたい、とＷｅｂ上および研究会で連携するＦｉｅｌｄｎｅｔというネットワークを立ち上げたメンバーたちだ。コアメンバーたちは当初、東京外国語大学アジア・アフリカ言語文化研究所を拠点にネットワークを広げていくために、各学会で精力的に広報活動を展開し、セッションや研究会をもった。本書の主な部分は、そうした集まりにおいて発表された内容でもある。以下に、それらのいくつかの集まりを簡単に紹介しておきたい。

自然科学者たちによるパートⅢは、幕張メッセで開催された地球惑星科学連合２０１１年大会において、大西健夫（本シリーズ３巻編者）が企画者となったセッション「フィールドワークの未来――異分野融合研究にむけて」を開いた成果の一部である。セッションのねらいは、異分野のフィールドワーカーがどのように融合し協働ができるか、という大きなテーマについて、各分野の調査者のフィールドに入る方法を披露・比較することで互いの学問フィールドを理解することからスタートしよう、ということだった。異分野融合のためには、「テーマ」、「概念」、「場」の共有が重要となるが、フィールドワーカーにとって最も基本的な「場」とは、データ収集を行うフィールドである。しかし、フィールドの共有だけでは異分野融合は進まない。フィールドワークのあり方に関する相互理解が必要となる。フィールドワークの現在を問い、未来を考えることから望ましい異分野融合を目指すという模索であった。とりわけ本書に寄稿していただいたプレゼンターたちには、初めてフィールドに入った当時の背景や試行錯誤、共同調査をする仲間や先輩たちとの関係性の構築などを、各分野や地域の特性にフォーカスして話してもらった。

分野が異なる者同士が組むという冒険的なセッションの試みであったが、朝早くから聞きに来てくれる人もいて、なごやかに議論がもたれた（くわしくは下記のＵＲＬから要旨等ごらんいただきたい。http://www.jpgu.org/meeting_2011/session/session_html/MTT35.html）。このセッションが、本書の第一の軸となっている。

本書の第二の軸となったのが、日本学術振興会ナイロビ研究連絡センターで２０１１年９月に開催されたシンポジウム International Symposium "Approaches and Methodologies of Field Research in Africa" である。多くの日本の研究者が東アフリカに調査に毎年訪れるが、現地の研究者、大学院生らとフィールド研究について議論を交わす場がほとんどない。そこで、日本とケニア、ウガンダから研究者を集めて議論の場を設けた。オーガナイザーや発表者はおもに30歳代から40歳代のフィールドワーカーで、人類学だけでなく、社会学、生態学、民族植物学、ＧＩＳ専門家など分野を横断していた。さまざまなレベルにおけるアフリカ人と日本人のフィールド研究の協働の模索、日本人の調査方法や視点についてのアフリカ側からのコメント、異分野の調査者が同一のフィールドで調査する可能性などの議論が主であった。本シンポジウムの特色のひとつは、調査アシスタントが参加し発表した、ということであり、これはほかに例をみないことだろう。実際のところ、調査の内容や方法も、アシスタントとの議論や手助けで達成される場合が多い。言葉もわからない状態では、その土地の言語の先生であることも多い。論文や民族誌等においてアシスタントに対し謝辞を述べる人は多くいるが、そうしたアシスタントとの共同作業のプロセスが発表されること―しかも、アシスタント本人から発表されることはまれなのだ。かれらの目線で調査者が調査地の人びとからみてどのように映る存在なのか、なにがわかっていないのかが生き生きと語られたのはとても興味深かった。

　フィールドワークとは、フィールドに暮らす人びと、調査の実施や準備にかかわる人びとを巻き込む行為でもある。現地の研究者やふつうの人びとと、その成果について議論したり意見を交わす機会を、ともに研究する機会を、今後ともつくっていきたいと思っている。このシンポについて、詳しくは下記を参照いただきたい。

http://aaafrica.aacore.jp/activities/2011/10/international-symposium-approaches-and-methodologies-of-field-research-in-africa.html

　最後に触れておきたいのは、２０１０年～２０１１年度に連続してもたれた文化人類学会関東地区懇談会「教室／大学というフィールド――文化人類学の何をどう伝えるか」のなかで、２０１１年７月３日に東洋大学白山キャンパスで行った企画、「協働するフィールド――文化人類学の何をどう活かすのか?」である。小西・門田両氏に発表をお願いし、その成果をここに納めさせてもらった。当時の発表者は、本シリーズのほかの巻でご活躍いただく方もいる。

以上、本書にかかわった企画イベントについてふれてきた。もちろんこれらの集まりのあとで本書を編むにあたり、新たにご参加いただいた方々もいる。また今後は、本書をもとにさらに多くのフィールドワーカーたちと、あるいは未来のフィールドワーカーたち、フィールドワークに興味と共感をもってくださる方がたと、フィールドに「入る」とはどういうことか、フィールドに「入る」ことでなにがわかってくるのか、という話を、直接交える機会をもっともっともっていきたいものだ。私たちフィールドワーカーのひとりひとりの経験が、分野や業種が違えども志をともにした誰かに、ほんの少しでも参考になればうれしいし、われわれの活動のおもしろさや醍醐味が多くの方々に伝わっていけば、これにまさるしあわせはない。つづくシリーズ発刊にもご期待いただきたい。

椎野 若菜

大門《だいもん》 碧《みどり》　　第 10 章執筆

1982 年生まれ．一番長く過ごしたのは東京．**最終学歴**：京都大学大学院アジア・アフリカ地域研究研究科アフリカ地域研究専攻博士課程認定退学．博士（地域研究）．
勤務先：京都大学アフリカ地域研究資料センター．
調査地：ウガンダの首都カンパラ．**専門**：文化人類学，都市文化．
主な著作：分担執筆「ガンダ語のポピュラー音楽」「ウガンダの演劇文化」ほか『ウガンダを知るための 53 章』（白石壮一郎・吉田昌夫編）明石書店，2012 年，「（コラム）都市の若者たちの社会関係を映すケータイ利用」ほか『メディアのフィールドワーク：アフリカとケータイの未来』（羽渕一代・内藤直樹・岩佐光広編）北樹出版，2012 年，など．
フィールドの苦手であり時に好きなところ：歩いているときに，見知らぬ人に呼び止められたり挨拶されたり，否応なく私とかかわってくるところ．そこから親友ができたり，ちょっとした調査が可能になることも．
フィールドにもっていくもの：耳かき．

稲津《いなづ》 秀樹《ひでき》　　第 11 章執筆

1984 年生まれ，神戸市長田区出身．**最終学歴**：関西学院大学大学院社会学研究科博士課程後期課程単位取得退学．博士（社会学）．**所属先**：日本学術振興会特別研究員（PD）．
調査地：日本（神戸周辺），ペルー（リマなど），アメリカ（ハワイ州）など…身近な「移民」がかかわる空間．**専門**：グローバリゼーションの社会学，カルチュラル・スタディーズ，など．
主な著作：分担執筆『カルチュラル・スタディーズで読み解くアジア』，せりか書房，2011 年．共編著『まちかどの記憶とその記録のために―神戸長田から／へ―』（本岡拓哉，中西雄二，野上恵美との共編）「共在の場を考える研究会」発行報告書，2012 年，など．
フィールドの好きなところ：「当たり前」のように思えていた「日常」に対する見方が根底から揺るがされ，変容する瞬間に幾度となく出会えること．
フィールドにもっていく音楽：2012 年，ペルーのワンカヨ（Huancayo）でお世話になったお家のカラオケセットを通じて（はからずも）持ち込んだのは，The Beatles と高橋真梨子のナンバーでした．フィールドで体感させてもらった音楽もいっぱい．

門田《かどた》 岳久《たけひさ》　　第 8 章執筆

1978 年生まれ，愛媛県出身．最終学歴：東京大学大学院総合文化研究科博士課程修了．博士（学術）．勤務先：立教大学観光学部．
調査地：日本（とくに沖縄と佐渡）．専門：文化人類学・民俗学．
主な著作：単著『巡礼ツーリズムの民族誌―消費される宗教経験』森話社，2013 年．分担執筆『宗教と社会のフロンティア―宗教社会学からみる現代日本』勁草書房，2012 年．分担執筆『宗教の人類学』春風社，2010 年．
フィールドの好きなところ：テンションの低い中華料理屋．
フィールドにもっていく音楽：カロ・エメラルド．

杉本《すぎもと》　浄《きよし》　　第 8 章執筆

1969 年生まれ，新潟県佐渡市出身．最終学歴：東海大学文学研究科文明研究専攻博士課程後期修了．博士（文学）．勤務先：東海大学文学部アジア文明学科．
調査地：佐渡，インド・オディシャー州．専門：歴史学，南アジア地域研究，文明学．
主な著作：単著『オリヤ・ナショナリズムの形成と変容―英領インド・オリッサ州の創設にいたるアイデンティティと境界のポリティクス』東海大学出版会，2007 年．共著「細王舎の歴史について」『川崎市文化財調査集録』，45 号，2010 年，共著「運動と開発―1970 年代・南佐渡における民族博物館建設と宮本常一の社会的実践」『現代民俗学研究』，第 5 号，2013 年．
フィールドの好きなところ：今を生きていることが実感できる（本業で文書館などに閉じこもることが多いからか）．
フィールドにもっていく音楽：最近，和太鼓の譜面とばちをもっていくので，太鼓の曲．

梅屋《うめや》　潔《きよし》　　第 9 章執筆

1969 年生まれ，静岡県出身．最終学歴：一橋大学大学院社会学研究科博士後期課程単位取得退学．勤務先：神戸大学大学院国際文化学研究科
調査地：アフリカ，とくにウガンダ，日本．専門：社会人類学，宗教民俗学，東アフリカ民族誌．
主な著作：共著『憑依と呪いのエスノグラフィー』（中西裕二，浦野茂と共著），岩田書院，2001 年．分担執筆「酒に憑かれた男たち―ウガンダ・アドラ民族における酒と妖術の民族誌」『人＝間の人類学―内的な関心の発展と誤読』はる書房，2010 年，「その年も「お年取り」は行われた―気仙沼市鹿折地区浪板および小々汐の年越し行事にみる「祈り」」『無形民俗文化財が被災するということ―東日本大震災と宮城県沿岸部地域社会の民俗誌』新泉社，2014 年．
フィールドの好きなところ：人間って思ってたよりも自由なのかも，と思わせてくれるところ．
フィールドにもっていく音楽：なし．むしろ，たくさんもって帰る．

澤柿《さわがき》 教伸《たかのぶ》　　第 6 章執筆

1966 年生まれ, 富山県出身. 最終学歴:北海道大学大学院環境科学研究科(博士・環境科学).
勤務先:北海道大学大学院地球環境科学研究院.
調査地:極域・高山域・日本の山岳地域. 専門:氷河地質学・第四紀学.
主な著作:分担執筆『図説 世界の地域問題』ナカニシヤ出版, 2007 年, 共著『なぞの宝庫・南極大陸 100 万年前の地球を読む』(飯塚芳徳・杉山 慎・的場澄人と共著)技術評論社, 2008 年.
フィールドの好きなところ:文明から離れた過酷な環境で, 自然と対峙する野性と科学する知性を共存させる醍醐味を味わえるところ.
フィールドにもって行く音楽:Il Divo, Katherine Jenkins, Hayley Westenra, King's Singers などのソフトな声楽曲.

丹羽《にわ》 朋子《ともこ》　　第 7 章執筆

1974 年生まれ, 神奈川県出身. 最終学歴:東京大学大学院総合文化研究科修士課程修了.
所属先:東京大学大学院総合文化研究科博士課程在籍, 一芯社図書工作室.
調査地:中国陝西省, 日本. 専門:文化人類学, 中国・日本の民俗文化(特にフォーク・アート).
主な著作:共著『窓花／中国の切り紙—黄土高原・暮らしの造形』(下中菜穂と共著)エクスプランテ, 2013 年. 分担執筆『ものの人類学』(床呂郁哉, 河合香吏編)京都大学学術出版会, 2011 年. 共編訳『魯迅の言葉／魯迅箴言』(魯迅著, 中村愿監訳, 韓冰と共編訳)平凡社, 生活・読書・新知三聯書店, 2011 年.
フィールドの好きなところ:窰洞(ヤオトン)の前庭で. ふわふわの手作り饅頭をほお張りながら, 寄宿先の家族とにこやかに語り合う夕涼みの時間.
フィールドにもっていくもの:白無垢姿の結婚写真(自己紹介がわりに見せると喜ばれる).

小西《こにし》 公大《こうだい》　　第 8 章執筆

1975 年生まれ, 千葉県出身. 最終学歴:東京都立大学(現首都大学東京)大学院社会科学研究科博士課程社会人類学専攻. 博士(社会人類学).
勤務先:東京外国語大学現代インド研究センター.
調査地:インド(北西部)・日本(佐渡島), 専門:社会人類学, 南アジア民族誌.
主な著作:共著『Jaisalmer: Life and Culture of the Indian Desert』, New Delhi: D.K. Printworld. (M.A.Konishi と共著), 2013 年. 共編著『インドを旅する 55 章』(宮本久義と共編)明石書店, 近日刊行. 分担執筆「『民俗芸能』が創造されるとき—文化運動と生存戦略」『シリーズ現代インド 5　周縁からの声』東京大学出版会, 近日刊行.
フィールドの好きなところ:その地に深く根を下ろした人びととの濃密な関係.
フィールドにもっていく音楽:三遊亭金馬の古典落語アルバム.

竹ノ下《たけのした》 祐二《ゆうじ》　　第 3 章執筆

1970 年東京生まれ，鹿児島出身．最終学歴：京都大学大学院理学研究科生物科学専攻（博士・理学）．勤務先：中部学院大学子ども学部．
調査地：中部アフリカの熱帯森林，大隅半島，野猿公園，動物園．
専門：人類学・霊長類学，子ども学．
主な著作：共編著『セックスの人類学』春風社，2009 年．分担執筆『性と生殖（シリーズ 21 世紀の動物科学）』（安部眞一・星元紀編）培風館，2007 年．分担執筆『The Monkeys of Stormy Mountain』（Leca, JB, Huffman, MA, Vasey, PL 編）Cambridge University Press, 2011 年．
フィールドの好きなところ：日中明るく，夜は暗いこと．夕日が綺麗なこと．
フィールドにもっていく本：テントのなかで時間をかけて繰り返し読める長編小説．夜ごと「白鯨」「罪と罰」「武器よさらば」は忘れられない．

福井《ふくい》 幸太郎《こうたろう》　　第 4 章執筆

1973 年生まれ , 大阪府出身．最終学歴：東京都立大学理学研究科博士課程地理学専攻．博士（理学）．勤務先：富山県立山カルデラ砂防博物館．
調査地：氷河と永久凍土があるところ（南極氷床，南極半島，ロシアアルタイ山脈，カムチャッカ半島，ネパールヒマラヤ，飛騨山脈など）．
専門：自然地理学，雪氷学．
主な著書：分担執筆「日本にもあった氷河」『新詳地理資料 COMPLETE 2013』帝国書院, 2013 年．分担執筆「立山」『図説　日本の山 : 自然が素晴らしい山 50 選』朝倉書店, 2012 年．
フィールドの好きなところ：完全燃焼．
フィールドにもっていく食材：柿の種．

的場《まとば》 澄人《すみと》　　第 5 章執筆

1970 年生まれ，岐阜県出身．最終学歴：総合研究大学院大学大学院数物科学研究科極域科学専攻（国立極地研究所）博士課程．博士（理学）．
勤務先：北海道大学低温科学研究所環オホーツク観測研究センター．
調査地：グリーンランド氷床，アラスカとカムチャツカの山岳氷河．
専門：雪氷化学，地球化学
主な著作：分担執筆『積雪観測ガイドブック』, 社団法人日本雪氷学会編, 朝倉書店, 2010 年．共著『なぞの宝庫・南極大陸 100 万年前の地球を読む』（飯塚芳徳・杉山慎・澤柿教伸と共著）技術評論社，2008 年．
フィールドの好きなところ：寒いなかで仲間と過ごすこと．観測を終えたあとの充実感を仲間と味わう瞬間．雪原で用を足すこと．
フィールドにもっていく音楽：とくに決まった音楽はもっていきませんが，「ウィスキー余市 12 年」は必ずもっていきます．

【編者】

椎野《しいの》 若菜《わかな》　　第 12 章執筆

1972 年生まれ，東京都出身．最終学歴：東京都立大学（現首都大学東京）大学院社会科学研究科博士課程社会人類学専攻単位取得退学．博士（社会人類学）．
勤務先：東京外国語大学アジア・アフリカ言語文化研究所．
調査地：ケニア，ウガンダ．専門：社会人類学，東アフリカ民族誌．
主な著作：単著『結婚と死をめぐる女の民族誌―ケニア・ルオ社会の寡婦が男を選ぶとき』世界思想社，2008 年．編著『シングルの人類学 1　境界を生きるシングルたち』『シングルの人類学 2　シングルのつなぐ縁』人文書院, 2014 年．共編著『セックスの人類学』（奥野克巳，竹ノ下祐二と共編）春風社，2009 年．
フィールドの好きなところ：延々と藪と畑のつづく変化のない風景のなかでも自分の家がわかること．フィールドにもっていく音楽：坂本龍一のアルバム．

白石《しらいし》 壮一郎《そういちろう》　　第 1 章執筆

1970 年生まれ，北九州市出身．最終学歴：京都大学大学院アジア・アフリカ地域研究研究科単位取得退学．博士（地域研究）．
勤務先：弘前大学人文学部．
調査地：ウガンダ，ケニア，日本．専門：地域研究，社会学，人類学．
主な著作：単著『文化の権利，幸福への権利―人類学から考える』関西学院大学出版会，2011 年，共編著『ウガンダを知るための 53 章』（吉田昌夫と共編）明石書店，2012 年．
フィールドの好きなところ：ウシの群と洞窟にいるとき（ウシの鼻息やため息が聞こえてくる），久しぶりに知り合いと再会する場面，これまでに歩いたことのない道を歩くとき．
フィールドにもっていく音楽：なし．

【分担執筆著者】

関口《せきぐち》 雄祐《ゆうすけ》　　第 2 章執筆

1973 年生まれ，埼玉県出身．最終学歴：東京工業大学大学院生命理工学研究科博士課程バイオサイエンス専攻．博士（理学）．
勤務先：千葉商科大学商経学部（一般教育センター）．
調査地：太地町（和歌山県），鴨川シーワールド（千葉県）など．専門：動物行動学，睡眠科学．
主な著作：単著『イルカを食べちゃダメですか？』光文社, 2010 年．監修『イルカのねむり方』金の星社，2014 年．
フィールドの好きなところ：お天気次第で，その日の生活がゴロっと変わること．
フィールドにもっていく本：なかなか読まない分厚い教科書（でもやっぱり読まなかったりする）．

【編者】
椎野《しいの》 若菜《わかな》　東京外国語大学アジア・アフリカ言語文化研究所勤務
白石《しらいし》 壮一郎《そういちろう》　弘前大学人文学部勤務

FENICS (Fieldworker's Experimental Network for Interdisciplinary CommunitieS)
シリーズ全 15 巻監修　椎野若菜

FENICS は学問分野や産学の壁にとらわれずフィールドワーカーをつなげ，フィールドワークの知識や技術，経験を互いに学びあい，新たな知を生み出すことを目指すグループ（NPO 法人申請中）です．フィールドワークをしている，フィールドワーク／フィールドワーカーに興味のあるあなたも FENICS に参加してみませんか？ まずは以下の Web サイトをたずねてみてください．登録して会員になると，フィールドワーカーから Web 上で，メルマガで，あるいはイベントで生の情報を得ることができます。下記の HP にアクセス！
http://www.fenics.jpn.org/

FENICS 100 万人のフィールドワーカーシリーズ　第 1 巻
書　名　**フィールドに入る**
コード　ISBN978-4-7722-7122-6
発行日　2014（平成 26）年 6 月 13 日　初版第 1 刷発行
編　者　**椎野若菜・白石壮一郎**

装　丁　有限会社 ON　臼倉沙織　http://www.on-01.com
発行者　株式会社 古今書院　橋本寿資
印刷所　株式会社 理想社
製本所　株式会社 理想社
発行所　**古今書院**　〒 101-0062 東京都千代田区神田駿河台 2-10
TEL/FAX　03-3291-2757 / 03-3233-0303
ホームページ　http://www.kokon.co.jp/　検印省略・Printed in Japan

1 フィールドに入る
椎野若菜・白石壮一郎　編

どうやって自分の調査地に入っていったのか? アフリカの農村から北極南極の雪原まで、調査初期段階のエピソードを中心に紹介。現地の協力者と出会い、多くを教えられ調査地になじんでいく過程を描くシリーズ入門編。

2 フィールドの見方
増田研・梶丸岳・椎野若菜　編

学問分野が異なれば、同じものを見ても、同じ場所にいても、同じテーマを扱っていても、考え方や分野の違いによってフィールドを見る眼が違ってくる。違いのおもしろさを発見し、研究の新たな可能性を探る。

3 共同調査のすすめ
大西健夫・椎野若菜　編

文理横断型の学際的な共同調査に参加することで、どのようなことに悩んだり苦労したのか、そして、どのような発見と自身の成長があったのか。フィールドワーカーの葛藤と飛躍を、共同調査の経験者たちが語る。

4 現場で育つ調査力
増田研・椎野若菜　編

フィールドワーカーの養成と教育がテーマ。初学者である学生に関心をもってもらうための工夫、専門家養成のためのさまざまな試みを披露する。調査技術の体系的伝授が先か? それとも現場力や行動力が重要なのか?

5 災害フィールドワーク論
木村周平・杉戸信彦・柄谷友香　編

被害軽減という社会的な課題のために、狭い分野にとらわれない多様なアプローチが災害調査には求められる。さまざまな分野のフィールドワークを見渡すとともに、災害の地域性を考えていく。

6 マスメディアとの交話
椎野若菜・福井幸太郎　編

研究成果を発信するとき、フィールドワーカーはマスメディアとかかわりをもつ。メディアに対して、どのようなスタンスをとればよいのか? 報道の結果に対して調査者たちはどのような意見をもっているのか?

7 社会問題と出会う
白石壮一郎・椎野若菜　編

調査をすすめていく過程で、その地域の社会問題と向き合わざるをえなくなったとき、フィールドーワーカーは何を感じ、どう行動したのか? 調査を通して社会問題が姿を変えながら浮上する局面を生き生きと伝える巻。

8 災難・失敗を越えて
椎野若菜・小西公大　編

予期せぬ事態にどう対応したのか? フィールドワーカーたちは、想定外の事件に遭遇したり、命の危険があるほどの失敗があっても、現場に対処しながらくぐりぬけている。今だから語れる貴重な体験談がおもしろい!

9 経験からまなぶ安全対策
澤柿教伸・野中健一　編

天変地異、病気、怪我、事故、政変、喧嘩など、予期せぬさまざまな危険からどう身を守るのか。「予防」と「対策」をテーマにした実用的な巻。個人レベルから組織レベルまで、安心安全のための知識と方法と教訓が役立つ。

10 フィールド技術のDIY
的場澄人・澤柿教伸・椎野若菜　編

現場での調査観測は、必ずしも予定通りに進まないことが多い。また思わぬ事象、現象、資料に遭遇することもある。想定外のチャンスを、現場で、また研究室でどのようにものにしたのか。その苦労、工夫を紹介する。

11 衣食住からの発見
佐藤靖明・村尾るみこ　編

現地の衣食住とかかわることで、思いがけないプラス効果やマイナス効果に出会う。その先に、次なる展開がまっていることも。衣食住をきっかけに、フィールドワーカーが成長し、研究テーマを深めていく過程を描く。

12 女も男もフィールドへ
椎野若菜・的場澄人　編

ジェンダーとセクシュアリティがテーマ。女性の苦労、男性の苦労、妊娠・出産・子育てしながらの調査、長期の野外調査と家庭の両立など、フィールドワーカーの人生の試行錯誤が語られる。

13 フィールドノート古今東西
椎野若菜・丹羽朋子・梶丸岳　編

情報化が進み、世界中のデータがデジタル化される現代にあっても研究者は手書きで記録を取っている。フィールドでの記録の手法を学際的に比べることで、フィールドノートのさらなる発展を期することを目指している。

14 フィールド写真術
秋山裕之・小西公大・村田悟　編

写真撮影を上達したいフィールドワーカーのために、一眼レフカメラによる写真撮影の基礎から、フィールドでの撮影条件を意識した主題を的確に描写するためのテクニック、芸術性の向上につながる写真術について概説。

15 フィールド映像術
分藤大翼・川瀬慈・村尾静二編

映像についての理論編、制作編、応用編からなり、フィールドワーカーが映像を活用するにあたっての注意点から、現地の人びとともにつくる映像、自然・動物を相手にした映像まで分野を横断したフィールド映像術。